本书承蒙广西沿边沿海经济开放发展协同创新中心的经费资助出版。

经济管理学术文库·经济类

精准扶贫战略下贫困地区新型农业社会服务体系建设研究
——以广西为例

Research on the Construction of New Agricultural Social Service
System in Poverty Stricken Areas under the Precision Poverty
Alleviation Strategy
— Taking Guangxi as an Example

熊　娜／著

经济管理出版社
ECONOMY & MANAGEMENT PUBLISHING HOUSE

图书在版编目（CIP）数据

精准扶贫战略下贫困地区新型农业社会服务体系建设研究：以广西为例/熊娜著．—北京：经济管理出版社，2015.12

ISBN 978 - 7 - 5096 - 4154 - 5

Ⅰ.①精…　Ⅱ.①熊…　Ⅲ.①农业—社会服务—研究—广西　Ⅳ.①F326.6

中国版本图书馆 CIP 数据核字（2015）第 307053 号

组稿编辑：曹　靖
责任编辑：曹　靖
责任印制：黄章平
责任校对：赵天宇

出版发行：经济管理出版社
　　　　　（北京市海淀区北蜂窝 8 号中雅大厦 A 座 11 层　100038）
网　　址：www. E - mp. com. cn
电　　话：（010）51915602
印　　刷：北京九州迅驰传媒文化有限公司
经　　销：新华书店
开　　本：720mm×1000mm/16
印　　张：12.25
字　　数：233 千字
版　　次：2015 年 12 月第 1 版　　2015 年 12 月第 1 次印刷
书　　号：ISBN 978 - 7 - 5096 - 4154 - 5
定　　价：58.00 元

序

　　构建新型农业服务体系对于农业实现化具有重要意义。本研究的独特价值体现在：以新型农业公共服务体系概念为基础，拓宽了新型农业公共服务体系内涵和外延；采用非完全信息博弈模型对政府、市场主体和农户三方主体进行博弈分析，提出了新型农业公共服务体系的建设路径；根据绩效评价原则和依据，建立了新型农业公共服务体系建设绩效评价体系，用该体系对新型农业公共服务体系建设绩效进行了综合评价；将新型农业公共服务体系绩效评级指标转化变量，运用双层线性模型测度了影响因素的影响程度；导入数学期望统计指标，根据双层线性模型回归系数计算了新型农业公共服务体系建设影响因素的优先序。

　　做研究贵在求实创新，贵在成果富有价值。我认为，本研究采取的方法体现了求实的精神，研究方法和结论均有创新，研究的价值又显而易见。因此，向读者推荐此书。

广西壮族自治区农业厅

党组副书记、副厅长　郭绪全

2015 年 12 月

前　言

2020 年是我国第一个百年的收官之年。党的十八届五中全会提出，到 2020 年我国将全面建成小康社会，现行标准下农村贫困人口实现脱贫，贫困县全部摘帽，解决区域性整体贫困。十八大以来，习近平总书记一再强调，全面小康是要惠及 13 亿人民的全面小康。没有贫困地区的小康，就没有全面建成小康社会。扶贫、脱贫是全面小康的"最后一公里"。目前，距离 2020 年全面实现小康社会只有 5 年时间，确保 7000 多万贫困人口到 2020 年如期全部脱贫，扶贫工作十分紧迫。未来我国将全面实施精准扶贫战略，切实做到"真扶贫，扶真贫"，是今后一段时期内我国重要的任务和重大的责任。打好新形势下扶贫攻坚战，关键在于实现从"输血式"的生活救济型扶贫向提升贫困地区内生动力的"造血式"开发型扶贫转变，从大水漫灌式的全面扶贫到滴灌式的精准扶贫转变。实现精准扶贫要与新型工业化、城镇化、信息化、农业现代化和绿色化紧密结合起来。

我国贫困人口主要分布在中西部农村地区。从产业空间布局看，农业产业是我国扶贫产业的主要产业。当前我国贫困地区农业生产过程中普遍存在信息不对称问题，信息共享程度低，扶贫信息自动化建设严重落后于需求。当前我国农村贫困地区把新型农业作为精准扶贫的切入点和突破口，创新农业发展模式，优化农业发展路径，引进农业新科技新技术，强化农业产业特色。新型农业包括设施农业、无土农业、特色农业、包装农业、彩色农业、知识农业、精准农业、旅游（观光）农业、外向型农业等。加快建设农业公共服务体系是推动贫困地区新型农业发展重要途径。

本书以广西新型农业公共服务体系建设现状，综合运用交易成本理论、帕累托次优理论、委托代理理论、信息经济学理论等多种理论和方法，从理论到实践、从宏观到微观、从定性到定量等多维视角，评价了新型农业公共服务体系建设绩效，技术测度了新型农业公共服务体系等因素的影响程度，构建了新型农业公共服务体系的建设框架，并通过借鉴国外新型农业公共服务体系实践经验提出了建设新型农业公共服务体系的政策思路。

本书由四部分八章构成，第一部分是导论部分；第二部分是新型农业公共服务体系建设研究的理论部分，该部分由第一章和第二章构成；第三部分是新型农业公共服务体系建设的实践部分，该部分由第三章、第四章、第五章和第六章构成；第四部分是新型农业公共服务体系建设的应用部分，该部分由第七章和第八章构成。

导论部分包括国内外宏观经济动态、新型农业发展动态和农业公共服务体系建设现状的背景、本书选题研究的理论意义和实践意义、农业服务体系研究现状和进展、文献述评、写作框架以及可能的创新等部分。

第一章是新型农业公共服务体系基础理论。该部分辨识了公共服务和公共产品、农村公共服务和农业公共服务、农业社会化服务和农业公共服务、农业服务和农业公共服务四组概念的差异；概述了新型农业公共服务体系组成、具体内容、供给模式以及在国民经济发展中的地位和作用；归纳总结了包括公共选择理论、新公共服务论、非合作博弈论、委托代理理论和供给均衡论等规范和实证分析的基础理论；描述了实证分析的数据来源、数据处理以及调查设计和调查具体内容。

第二章是新型农业公共服务体系建设主体分析。该部分以四大假说为前提，采用静态和动态三方非完全信息博弈模型，对政府、企业和农户三方在建设新型农业公共服务体系的行为进行分析，得出了政府主导企业参与型、政府参与企业主导型、政府主导农户参与型、政府参与农户主导型四大建设模式。

第三章是新型农业公共服务体系建设现状考察。该部分简单概述和分析了新型农业发展现状，详细阐述了农业政策制度、农业生产服务、农业市场服务、农业科技服务、农村金融服务、农业发展服务和农业保障服务七部分建设现状，定性分析了新型农业公共服务体系现状形成的原因。

第四章是新型农业公共服务体系建设绩效评价。该部分从数据包络分析法、灰色关联分析法、人工神经网络分析法和模糊综合评价法比较中，选择了BP人工神经网络模型作为绩效评价法，根据绩效评价原则和理论依据设计了新型农业公共服务体系绩效评价体系，利用人工神经网络模型评价了广西新型农业公共服务体系建设绩效，并分析了绩效评价结果。

第五章是新型农业公共服务体系建设影响因素分析。该部分根据绩效评价结论采用双层线性模型，从8个第一预测变量和8个第二预测变量中识别出了农业信贷比、农业机械化指数等影响广西新型农业公共服务体系的重要因素。并对重要影响因素按照综合影响程度进行了优先序排序。

第六章是新型农业公共服务体系建设框架。该部分阐述了新型农业公共服务框架创新的目的和意义，以此为基础结合新型农业公共服务建设的宏观经济背景、建设现状和农情，提出了建设新型农业公共服务体系的基本原则、建设思路和建设内容。

第七章是加快新型农业公共服务体系建设的基本思路。该部分梳理了欧、美、日、韩等发达国家和印度、巴西等发展中国家新型农业公共服务体系建设经验，结合研究结论和建设框架，提出了包括农业科技、教育、土地流转、农村金融、市场监督等关于农业生产基础服务建设和农业市场服务建设内容的政策思路。

第八章是研究结论和研究展望。该部分总结了全文研究的主要结论，根据国际农产品贸易趋势、粮食安全、我国新型农业发展进程对未来研究进行了展望。

本书创新包括五方面：

（1）以新型农业公共服务体系概念为基础，拓宽了新型农业公共服务体系内涵和外延。

（2）采用非完全信息博弈模型对政府、市场主体和农户三方主体进行博弈分析，探讨了新型农业公共服务体系的建设路径。

（3）根据绩效评价原则和依据，建立了新型农业公共服务体系建设绩效评价体系，用该体系对广西新型农业公共服务体系建设绩效进行了综合评价。

（4）将新型农业公共服务体系绩效评级指标转化变量，运用双层线性模型测度了影响因素的影响程度。

（5）导入数学期望统计指标，根据双层线性模型回归系数计算了新型农业公共服务体系建设影响因素的优先序。

目　　录

导　论

第一节　选题背景：精准扶贫战略

改革开放 30 多年来，我国扶贫工作取得了举世瞩目的成就，实现了从普遍贫困、区域贫困到基本解决贫困的转变，贫困人口较 1978 年减少了 6.7 亿人，成为全球首个实现联合国千年发展目标贫困人口减半的国家。据 2014 年最新数据显示，目前我国农村贫困线是每人年收入 2300 元，也就是每人每天收入约 6.3 元。中国仍有 14 个连片特困地区，800 多个贫困县，12.8 万个贫困村，7017 万贫困人口，其中贫困发生率超过 10% 的有西藏、甘肃、新疆、贵州和云南，贫困人口数量超过 500 万的有贵州、云南、河南、广西、湖南和四川。贫困人口规模大、分布广，致贫原因复杂，脱贫难度大，减贫效益递减问题开始突出，减贫幅度从 2010 年的 26.1% 下降到 2014 年的 14.9%，贫困地区发展滞后的问题没有得到根本改变（刘永福，2015）。因此，我国脱贫攻坚已经到了啃硬骨头、攻坚拔寨的冲刺阶段。

2020 年是我国第一个百年的收官之年。党的十八届五中全会提出，到 2020 年我国将全面建成小康社会，现行标准下农村贫困人口实现脱贫，贫困县全部摘帽，解决区域性整体贫困。十八大以来，习近平总书记一再强调，全面小康是要惠及 13 亿人民的全面小康。没有贫困地区的小康，就没有全面建成小康社会。扶贫、脱贫是全面小康的"最后一公里"。目前，距离 2020 年全面实现小康社会只有 5 年时间，确保 7000 多万贫困人口到 2020 年如期全部脱贫，扶贫工作十分紧迫。未来我国将全面实施精准扶贫战略，切实做到"真扶贫，扶真贫"，是今后一段时期内我国重要的任务和重大的责任。

精准扶贫意在通过对贫困户和贫困村精准识别、精准帮扶、精准管理和精准考核，引导各类扶贫资源优化配置，实现扶贫到村到户，即通过"靶向疗法"，定位定向扶贫，总攻绝对贫困。虽然自 2014 年初推进至今，精准扶贫工作日渐机制化，但不可否认的是，在实施精准扶贫的现实过程中，"脱靶"现象仍然非常突出，实施扶贫新战略、精准扶贫工作仍然面临着较大挑战和困难。习近平主席指出，实施精准扶贫战略，重在落实"五个一批"扶贫攻坚行动，实现"六个精准"目标[①]。

打好新形势下扶贫攻坚战，关键在于实现从"输血式"的生活救济型扶贫向提升贫困地区内生动力的"造血式"开发型扶贫转变，从大水漫灌式的全面扶贫到滴灌式的精准扶贫转变。实现精准扶贫要与新型工业化、城镇化、信息化、农业现代化和绿色化紧密结合起来。我国贫困人口主要分布在中西部农村地区。从产业空间布局看，农业产业是我国扶贫产业的主要产业。当前我国贫困地区农业生产过程中普遍存在信息不对称问题，信息共享程度低，扶贫信息自动化建设严重落后于需求。当前我国农村贫困地区把新型农业作为精准扶贫的切入点和突破口，创新农业发展模式，优化农业发展路径，引进农业新科技新技术，强化农业产业特色。新型农业包括设施农业、无土农业、特色农业、包装农业、彩色农业、知识农业、精准农业、旅游（观光）农业、外向型农业等。

加快建设农业公共服务体系是推动贫困地区新型农业发展重要途径。农业公共服务体系在深化责任农技推广制度基础上，按照提高市级、强化镇级、发展村级、延伸户级的总体要求，构建政府主导力、科技支撑力、农民主体力、社会参与力等"四力合一"的农业公共服务建设机制，完善农技推广体系，强化动植物疫病防控体系，健全农产品质量安全监管体系。

第二节　研究意义

新型农业运用现代科技手段进行农业生产种植以及经营，促使农业实现规模化、产业化、精准化等特点[②]。当前我国正处于新型农业建设的初级阶段，现有公共服务体系服务于传统农业，成为新型农业发展的障碍，属于政府着力建设对象。因此，本书的选题意义在于：

---

　① 五个一批指：通过扶持生产和就业发展一批，通过易地搬迁安置一批，通过生态保护脱贫一批，通过教育扶贫脱贫一批，通过低保政策兜底一批。六个精准指：扶持对象精准、项目安排精准、资金使用精准、措施到户精准、因村派人精准、脱贫成效精准。

　② 陈明星，《新型农业现代化道路研究》，中国农业出版社，2013 年 11 月。

（一）理论意义

（1）丰富了贫困治理理论和研究文献。在现有文献中，扶贫产业的发展问题是贫困治理理论的重要组成，尤其是新型农业。在扶贫脱贫研究框架中，集中分析了扶贫产业的发展方式和模式、空间布局、转型升级等。本书将在精准扶贫战略下，立足贫困地区资源禀赋和突出产业特色的新型农业，把农业公共服务体系建设作为推动新型农业发展障碍性"源头"，深化拓展了精准扶贫战略中的产业治贫理论。

（2）丰富了农业增长理论。农业增长理论认为，农业发展依赖于资本、劳动力和科技三者。传统农业发展依靠资本和劳动力投入形成粗放型发展路径，新型农业依靠科技重组和拓展生产要素而形成集约型发展路径。从如上理论看，农业发展假定农业公共服务体系外生。国外农业现代化证明，农业公共服务体系随农业发展而发展，间接贡献于农业。本书假设农业公共服务体系内生以研究其对新型农业发展的治贫脱贫贡献。

（二）实践意义

（1）实现传统农业向新型农业顺利转型。新型农业建设是农业发展的一个必经历史阶段，是一个动态过程；在经济社会环境变动中新型农业逐渐调整和优化结构。那么，农业公共服务体系建设就不可能一蹴而就，也是一个动态建设和完善过程；但是，"谁主谁辅"是战略选择性问题。在传统农业向新型农业过渡阶段，实现农业转型依赖于农业公共服务体系的建设，发挥主导作用；实现转型后，以新型农业发展建设农业公共服务体系，发挥辅助作用。

（2）改善新型农业公共服务供给现状，实现公共服务均等化。目前农业公共服务供需缺口日益扩大，使新型农业发展速度滞后于其他产业，表现出明显的产业分割格局，这不仅不符合公共服务供给所应遵循的公平原则，而且使得新型农业跨越式发展化为"泡影"，客观上拉大城乡收入差距。从财政分权视角研究农业公共服务体系建设困境及成因，并寻找切实可行的解决思路和对策，对于改善农业公共服务体系建设现状，促进新型农业发展，缩小城乡收入差距，实现公共服务均等化具有重要意义。

（3）优化财政支农结构，提高财政资金使用效率。新型农业发展的阶段性产业结构和建设重点都有显著性差异。如新型农业发展初级阶段，注重科技对农业生产效率的提升，注重科技对农业产业链的拓展，农业公共服务体系以建设基础设施为主要对象；中级阶段，以农产品市场需求为导向调整农业产业结构，同时注重农产品及加工业安全生产，农业公共服务体系以建设农村金融、农产品监管等为主要对象；高级阶段，农业生产注重生态和产业循环和谐化，农业公共服务体系以农业生态、可持续发展为主要建设对象。在国家财力约束下，厘清农业公共服务体系建设层次和抓住建设重点，优化财政支农资金的结构，提升财政资金的使用效率。

第三节　国内外研究现状和评述

随着新型农业的实践与发展以及学界对新型农业研究的深入，农业公共服务体系逐渐成为学界关注焦点和研究热点，并已形成了一系列具有创新性和实践指导性的理论成果。

一、农村公共服务研究现状

亚当·斯密和大卫·休谟都是崇尚经济自由化的鼻祖，但他们的政府"守夜人"和个人"搭便车"思想仍然被视为公共产品理论的古典渊源。Hume 公共物品概念的公共服务包含公共产品和服务产品，而 Lindale 在论文中使用的"公共产品"一词标志着公共服务理论正式形成，他最大贡献是提出了"林达尔均衡"思想[①]。而为众多学者区分公共物品和私人物品概念源于美国经济学家 Paul Anthony Samuelson。Paul Anthony Samuelson 认为，"公共产品是指每个人对这种产品的消费都不会导致其他人对该产品消费的减少"[②]。而私人物品是指"如果一种物品能够加以分割，因而每一部分能够分别按照竞争价格卖给不同的人，而且对其他人没有产生外部效果"。Paul Anthony Samuelson 基于此进一步研究了公共服务非竞争性和非排他性特征，James Mcgill Buchanan 进而衍生出公用资源型和俱乐部型两类准公共服务。

而公共服务定义直到 2003 年才得以规范。Grout 和 Stevens（2003）定义公共服务为为大量公民提供的服务，市场失灵使政府有理由参与生产、融资或监管各个环节服务活动。我国学者以此为理论支撑，将农村公共产品纳入了纯公共产品研究范畴，在马庆钰教授的私人产品公共物品化理论诞生之后，农村公共服务才被纳入了农村公共产品研究范畴。

2004 年世界发展报告指出，发展中国家的贫困问题就是公共服务非公平问

---

① Lindale 分析两个消费者共同纳税分担一件公共产品的成本问题时，指出每人在总税额中应纳份额应与他从该公共产品消费中所享有的效用价值相等。这些税收份额即为他的税收价格，这个价格就是著名的"林达尔价格"，其形成的供求均衡被称为"林达尔均衡"。

② Paul Anthony Samuelson，William D. Nordhaus，Economics；Eighteenth Edition，McGraw - Hill，2004 - 7 - 1.

题，Calderon 和 Serven（2004）认为增加落后地区公共物品提供数量和提高公共物品提供质量能有效缩小收入差距。Louise C. Ivers（2008）基于贫困现实研究，指出医疗服务是提高农户生产生活质量关键因素，认为提供医疗服务和与地区经济发展水平相匹配的科技至关重要。CZR. Varma 通过对印度安得拉邦农村地区人口免疫覆盖率调研后，肯定了 Louise C. Ivers 的结论。Wolfe（2007）和 E. E. Nkwocha（2009）对阿比亚洲农村调研后也认为医疗服务是影响农户生产生活重要因素，并通过主成分因子分析法进一步研究，认为医疗服务是造成地区农业发展差异的主要影响因子。Laura Albareda（2007）将上述农村公共服务不公平归咎于公共服务供给模式和政府治理效率低下。他在给欧洲政府政策建议中写到 "企业与社会建立一种新的政治关系，即成为企业和民间社会的利益相关者，这样才能更好地履行责任以及实现社会的可持续发展"。而 Blank（2000）却将其归咎于公共服务属性和特征。他明确政府是公共服务供给主体，其他社会主体参与，政府建设和治理公共服务的低效率不言而喻。Banerjee 和 Bjorkman（2006）将其归咎于农户参与有限。他在文中批评政府：信息化建设滞后造成农户公共服务信息非对称，政府有责任改善这种现状，而却不愿为之。他建议政府提高农村信息化建设水平，让农户公共需求意愿得以表达，以此外逼政府改善农村公共服务体系建设滞后格局。

20 世纪 60 年代新自由主义学派的兴起和新制度主义学派理论的传播，市场为经济学家研究公共产品提供了新的视角，以此获得理论性突破；Ronald Coase 的论文《经济学中的灯塔》被奉为这一视角的经典之作。在文中，Ronald Coase 通过对被主流经济学家称为公共产品的英国 "灯塔" 进行考察研究，研究结论：如此高的管理效率和利用效率归功于私人供给。1970 年，Demsetz 的研究结论与科斯的观点遥相呼应，他的研究表明：在能够不付费的情况下，私人企业也能够高效供给公共产品。而后，随着博弈论、试验经济学和组织理论的发展，人们发现在众多公共产品领域内，可以回避政府的强制行为，即私人和社会团体也可以供给公共物品。1984 年，Comes 和 Sandler 通过长达 3 年研究，指出公共产品的纳什均衡不等于零，但小于帕累托供给，其差距与人口数量呈正相关，供给缺口与效用函数的特征有关。1986 年，Weisbrod 以英国 16 世纪私人资源组织慈善机构提供公共物品的实例论证了利他主义的来由。

国内学者对农业公共服务体系关注起源于早期农村公共物品制度问题的研究。我国农经学者从 20 世纪 90 年代农村公共品制度及供给等问题开始着手研究农村公共服务。按照研究内容分，整个过程大体上可分为三个阶段：第一阶段是 1990～1999 年，第二阶段是 2000～2002 年；第三阶段是 2003 年到当前（由于论文数量较多，本书只选择了具有代表性的观点和学者）。

这一阶段研究成果以家庭联产承包责任制为背景，阐述农村公共物品供需缺口和质量问题。该问题在20世纪90年代比较突出，一度使农业发展陷入困境。为了解决这一问题，以张军为首的一批学者做出了不懈努力。1996年，复旦大学经济学院张军教授首次引入制度经济学理论，探讨家庭承包责任制这一制度变迁前后农村公共物品供给现状，并对农村公共物品制度供给现状进行了实证性经济学分析。叶兴庆（1997）、林万龙（2002）等在张军教授研究的基础上，用制度经济学理论分析家庭承包责任制后的农村公共物品供给结构性问题，并以此提出了建设对策和建议。

2000年农村税费改革使农村公共物品供给再次成为学者探讨的热点。这一时期的大多数研究成果与农村税费改革相联系，学者们致力于解决如下几方面问题：一是农村公共物品供给不足的原因；二是农民负担与农村公共物品供给的矛盾性问题；三是各级政府事权和财权的矛盾冲突问题；四是如何完善并强化地方尤其是基层财源问题。此外，还逐渐出现了城市支农和以工补农的相关研究成果。如黄佩华（2003）指出"财政中央集权"使得基层政府财政困难、负债累累，对农村公共服务建设"心有力，而力不足"。李琴、熊启泉（2005）和郭春丽（2006）却认为是地方政府财权和事权的失衡。他发文指出"尽管中央政府从全局考虑，有建设农村公共服务体系的动机；然而，地方政府动力不足，财力缺乏导致中央财政转移资金被挪用等等"。王谦（2008）通过对山东农村公共服务建设考察，指出当前政府服务供给与农户生产生活需求总量和重点存在"双失衡"。钟裕民、刘克纤（2007）顺此思路，导入公共财政选择理论分析地方官员"经济人"行为，指出现有考核指标催生了地方官员建设偏好——政绩，这是导致地方政府建设农村公共服务动力不足的本质原因。

十六大提出的统筹城乡发展使学界关于农村公共物品问题研究进入了"白热化"阶段。这一背景下的研究主要探讨二元经济结构对农村公共物品供给的影响以及如何实现城乡公共物品一体化等相关问题。2003年，国务院发展研究中心课题组、李成贵等研究机构和学者以统筹城乡为背景分析了农村公共服务供给在城乡之间的差异，并提出了采用财政补贴、完善保障制度等相关政策建议；其他许多学者对统筹城乡公共服务中的农村公共服务做了大量的实证和规范性分析，都认为城乡二元结构是农村公共服务供给不足的根源。

二、农业社会服务研究现状

欧美等发达国家农业社会化服务体系早已建设完善，满足农业生产和经营各方主体需要，为农业现代化和后现代化创造了有利条件。换句话说，欧美等发达国家农业现代化历程就是农业社会化服务体系建设历程。

从研究理论成果看，农业服务的主体效率、农业科技推广、农村金融服务等领域备受关注。Richard J. Sexton（1990）认为农产品市场的重要特点是交易费用高；基于此论断，他研究了农业市场中的寡头垄断的价格行为、空间分布、行业地位，提出发展农业合作社将对市场中竞争对手的不合作行为产生影响，而这种影响程度取决于包括合作成员数量、价格政策等农业服务体系结构和农业主体市场竞争力之间的关系。Andre P. Davidson、Munir Ahmad、Tanvir Ali（2001）对巴基斯坦政府推行的农业公共服务私有化研究，认为农业社会化服务体系建设无论是谁都得依赖农户；不同之处是私人部门倾向于规模和投资大的农户，而这是市场机制的作用。Dina L. Umali 和 Lisa A. Schwartz（1994）的研究重点关注了包括家禽养殖、农资安全、农业销售等领域内的政府和私人主体的作用层面。他最近研究延续上述结论，在此基础上对影响私人机构推广农业服务的因素进行了分析，并导入微观经济理论建立了农业服务推广模式的有效框架。John Farrington（2002）认为发达国家之所以采用十年如一日单一的农业科技推广模式，是因为农业科技服务不仅提高了农业生产效率和重组生产要素，更重要的是解决了农户贫困性问题；同时指出发展中国家大力推广农业科技有助于农户脱贫。Pederson、Glenn Khitarishvili、Tamar（1997）在总结中东欧和波罗的海等国家的农村金融现状、融资方式、信贷渠道等基础上，探索了农村金融中介和农业投资的隐性制约因素——农民农业低收益的态度和看法；提出了政府应通过银行"软约束"来建设完善农村金融服务体系。Volker Hoimann、John Lamers、Andre D. Kidd（2000）从供给者和需求者双角度对德国 16 个地区的农业推广服务的组织和财政进行了研究，认为诱导农户广泛参与和改善融资条件可以提高服务质量。Peter J. Barry（2001）使用衡量信用风险和风险来源风险模型分析了金融机构新办法下的风险资本管理，得出了以风险措施和最近发展的风险为基础的措施确定农业金融资本的供需缺口。Urutyan、Vardan Aleksandryan、Mariana Hovhannisyan、Vardges（2006）研究亚美尼亚农村金融现状，认为强化农村信贷市场和完善金融机构有助于提高农村金融机构的抗风险能力；同时以此结论为假设，分析了美国营销部门在亚美尼亚实施的"农业信贷俱乐部"项目，预测了农村金融市场未来发展面临的挑战。Lawrence D. Smith 分析了农业服务领域分散化下的政府与私人部门的作用和其分散化原因，提出了政府部门为私人部门给予政策支持以促进提高效率的建议。他于 2001 年又对政府职能部门是否需要权力分散化决策进行了政策分析，并结合农业技术推广、农业金融、兽医药等领域的分权化现状进行了个案分析。2004 年 David J. Spielman 和 Klaus von Grebmer 认为当前涉农部门存在"抱团"约束性，假设存在激励机制，方能产生合作空间；否则只能降低政府资源的使用效率。2005 年 M. Haitham、El Hourani 对美国农业服务领域政府作用进行了阶段性比较分析，认为政府干预是农业社会化效率低下的主要因素；他通过对农业社会化服务体系的制度进行规范性研究，指出在农业社会化服务体系建设过程中，政府应扮演"裁判"的角色，不应同时兼职"裁判员"和"运动员"的双角色，否则农业社会化服务体系不仅效率低下，而且功能逐渐弱化，阻碍农业现代化进程。Ezatollah Karami、Rezaei Moghaddam K.（2005）运用伊朗南部数据找出了促进农业合作社有效运作的关键因素：组织机构、制度和政策。Csterberg Peter、Nilsson Jerker（2009）假设合作社社员分为三类：合作社利润满意度、成员年龄和董事会经验，合作社运作成功程度由社员承担合作社义务和对董事会的信任衡量；采用该结社分析了瑞典2250个农户样本数据，研究结论表明社员承担的义务和对董事会信任程度取决于利润、社员的年龄和董事会的工作经验；加入农民参与管理工作变量后，大部分其他差异可以被解释，年龄仍然对董事会的信任存在部分关联，结果是年龄较大的农户缺乏信任。

十七届三中全会的成功召开使农村社会化服务建设成为学者们研究的又一热点。邓瑶（2010）利用协同理论分析了政府、企业和农业合作社的三螺旋模式，证明以农民合作社为基础构建农业服务体系，可形成政府、企业和合作社三种不同性质组织的良性互动关系。张娟、张笑寒（2011）认为多元化合作模式仅是经济发展的历史性产物。他们从社会化服务机理和演化路径论证了农业一体化社会化服务模式将是农业社会化服务最优模式。而孔祥智、徐珍源（2010）则认为各种服务主体在农业社会化服务中的作用存在差异，但政府则是农业社会化服务主体的供给主体。刘晓光、董维春（2009）引入发展经济学理论和制度变迁理论，认为经过多年的建设，我国农业服务体系已形成了既定发展路径。他们认为我国建设农业社会化服务体系必须以现有格局和现状为基础，不可一蹴而就，当务之急是拓展农业服务体系的内涵，加强农业服务领域专业性合作组织和区域性协调组织的建设。

龚继红和钟涨宝（2011）、李俏和张波（2011）、杨汇泉和朱启臻（2011）等以农业社会化服务为假设，对相关影响因素展开了一系列实证分析。龚继红和钟涨宝通过对东、中、西部三县市农业开展问卷调查，实证分析得出"农户对农业服务存在强烈的需求意愿，农户地域分布、购买方式、收入变化和文化等农户背景特征异质性对农业服务购买意愿影响显著"的结论。李俏和张波（2011）利用陕西省9市18个乡镇74个村的农户调研数据，实证分析得出"农户年龄、经营规模、家庭劳动力人数、人均纯收入、是否从事农业生产、区域位置等对农户农业社会化服务需求影响显著"的结论。熊鹰（2010）通过实证调研发现，农户的农业社会化服务需求强烈未能得到有效满足的原因在于农业社会化服务机构在管理体系、人员队伍、资金供给等存在问题。杨汇泉、朱启臻和梁怡

（2011）在梳理上述文献的基础上，提出了建设农业公共服务体系的"统一主体"、"多元主体"和"统一主体和多元主体相结合"三思路。

然而，姜长云（2011）却认为在农业服务中，农业生产性服务是"发展新型农业和转变农业发展方式"的重要引擎，并提出在农业服务既定路径下，通过转型、改造和挖掘传统农业服务组织的创新潜力，完善农业服务体系建设工程。庄丽娟、贺梅英和张杰（2011）在姜长云研究结论基础，运用 Multinomial Logistic 模型对广东省荔枝主产区 18 个县（市、区）61 个乡镇的 450 份入户样本进行实证分析后，得出技术服务、销售服务和农资购买服务的农户生产性需求意愿比较强烈。李善同和钟思斌（1998）通过跨国面板数据分析，认为农业生产性服务水平不仅低于西方国家，而且低于我国第二产业的建设水平。国外对于农业生产性服务的研究文献相对较少，早期的有 Reinert（1998）农村农产品产出模型和 Postner（1977）对农业生产性服务需求存在上升势头的宏观性研究。而近期如上所述，主要关注城乡服务的公平性和政府公共服务的治理水平两个内容。

三、农业公共服务研究现状

20 世纪 90 年代以来，农业公共服务体系的概念随农业发展而变化。1994 年樊亢、戎殿新引入分工理论解释了农业公共服务体系的历史性，他认为农业公共服务体系是农业发展到一定阶段的产物，将其定义为农产品市场提供服务的体系。龚道广（2000）却将其定义为动植物自然生产过程且由生产者自己完成的生产环节。依据该定义，龚道广的农业服务"生产环节论"否定了樊亢、戎殿新"市场服务论"。进入 21 世纪，胡锦涛主席明确提出两个趋向的重要论，为新时期制定"三农"政策措施提供了理论依据。周晓梅、宋春艳（2003）和程富强、张龙（2005）继承了樊亢、戎殿新分析视角，否定了农业公共服务体系主体，拓展了农业公共服务体系空间。他们将农业公共服务体系定义为直接从事农业生产的经营主体提供各种服务所构成的一个网络体系。巫继学（2006）和高平堂（2008）另辟蹊径，分别从制度演化和农业生产主体两角度定义了农业公共服务体系。巫继学认为农业公共服务体系是链接农业生产产前、产中、产后市场化服务及综合性解决"三农"问题的一种机制；高平堂认为农业生产者提供各种便利条件，促进农业生产发展的经济社会活动。

（一）农业公共服务建设主体

徐祥临（1995）和石磊（2005）借鉴他国经验，基于国家财力和农业发展格局提出农业公共服务体系的建设主体是农业合作社。徐祥临认为农业公共服务建设主体应为社区型农业经济合作组织，而政府发挥政策扶持和资金支持的辅助作用。石磊研究韩国农协建设农业公共服务现状后，认为农业合作社的市场化运作符合农民需求意愿，同时解决了政府信息不对称和高成本问题。郭翔宇、范亚东（1999）对上述观点持肯定态度，但他们认为农业公共服务体系是社会化大势所趋，而合作社服务体系仅仅是历史产物。孙明（2002）和蒋永穆（1999）发展和继承了上述观点，他们借鉴美国农业公共服务建设的实践经验，提出私人企业和农民合作社参与农业公共服务体系的建设有助于提高体系建设和日常运作效率。王正强（2000）、程富强和张龙（2005）、高平堂（2008）、胡家浩和张俊鹰（2008）从农业公共服务面过窄、服务功能弱化、金融服务滞后、区域不平衡等问题着手，提出建设主体和合作多元化和多样化观点。而 Blank（2000）引入公共财政理论解释了农业公共服务体系的特征和性质，认为经济效益最大化主体不愿意组织公共物品的生产，农业公共服务体系建设主体必是政府。

综上所述，农户需求、政府投资高成本、信息是否对称、经济效率等角度是农业公共服务体系建设主体之分歧本质所在，而社会主体和政府谁是建设主体的观点是其本质的表现。

（二）农业公共服务体系影响现状

农业公共服务体系对农业发展影响受其函数与函数构成模式的约束。表0-1是关于农业公共服务体系影响现状的研究成果。

表0-1 农业公共服务体系影响现状的研究成果

年份	作者	农业公共服务体系		
		体系构成	存在问题	解决方案
2001	杨明洪	农业市场服务体系	市场风险、自然风险、生产风险、政策风险和环境污染风险	建立风险基金制度，建立有效的决策体系，引导参与主体参与投保和加强法制建设
2003	袁成			市场主导的专业化服务
2004	张凤云	农村金融服务体系	政策性金融支持范围小，商业性金融脱离农业，农村金融对农业支撑力度不够	完善金融体系，发挥资本市场的融资作用
2004	赵泉民		资金市场低层次、融资渠道单一，农业产业化经营很难获得资金	资本市场
2008	陈世跃			政府+农户+金融+保险模式
2003	赵凤岐	农业科技服务体系	农产品科技含量不高，农业产业链短，缺乏市场竞争力	建立农业科技推广体系是完善农业科技推广体系和产、学、研相结合的利益机制的关键

年份	作者	农业公共服务体系		
		体系构成	存在问题	解决方案
2002	严俊	农业信息服务体系	信息渠道单一、流动周期长	强化政府信息意识、加强网络基础建设、提高农民运用信息能力等
2004	陈松		农户文化素质低、网络设施差	
2008	胡家浩、张俊鹰	体系服务模式构成	政府模式运作效率低下、服务供需失衡、政府财政投资有限等	政府+合作社+农户、公司—县级配送中心—乡镇零售连锁店—农户、公司+协会+农户、协会+政府部门、协会+事业单位、事业单位+公司+农户、公司+农户、农户+农户、能人+农户
2001	郑文俊、张秀宽			
2005	蔡加福			

注：上述研究成果来自于中国知网资料归纳整理而成。

　　表0-1所列研究成果归纳为如下三点：其一是研究视角局部化。局部化相对整体化而言，农业公共服务体系由科技服务体系、信息服务体系、市场服务体系、食品安全生产监督体系等构成，各组成部分分工明确，内容相互衔接，形成网络化服务。而杨明洪和袁成把农业市场服务体系作为研究对象，张风云、赵泉民和陈世跃把农村金融服务体系作为研究对象，严俊和陈松把农业信息服务体系作为研究对象，割裂农业公共服务体系网络化作用。其二是研究问题静态化。新型农业阶段不同，建设重点不同，农业公共服务体系服务于新型农业，应与新型农业发展和建设重点保持同步。上述研究成果不论从视角还是从切入点看，都表现为静态化，难以形成具有建设性的指导意见和理论成果。其三是研究手段定性化。随着建设力度提升，农业公共服务体系逐渐完善，而且影响因素越来越复杂。农业公共服务体系除了满足新型农业发展的需求外，内部之间相互影响也越来越重要。如何识别农业公共服务体系宏微观双层影响因素必将成为学者新的课题。

四、研究评述

　　如上综述，目前学界主要集中于农村公共服务和农业社会化服务等相关内容的研究，不论从研究视角还是从研究领域，不论从研究手段还是从研究成果看，对新型农业公共服务体系研究尚处于初级阶段。我国新型农业公共服务体系建设不可能一蹴而就，其原因有：一是面对早期农业支撑工业建设留下的历史遗留问题，面大面广，尽管我国财力有了大的提升，但是投入农业公共服务体系建设的资金毕竟有限；二是新型农业发展的动态化要求农业公共服务体系建设动态化。

因此，本书以精准扶贫战略为背景，以新型农业公共服务体系框架为基础，分析了新型农业公共服务体系供给模式和建设路径；引入定量分析手段，以广西为例评估了新型农业公共服务体系建设绩效，采用双层线性模型从宏微观两层面识别了新型农业公共服务体系的影响因素以及影响因素优先序，并以此构建了新型农业公共服务体系建设框架。从总体上把握了新型农业公共服务体系范畴、特征、供给模式、建设路径、重要影响因素、建设内容和所需政策支持。

第四节　研究内容和研究方法

一、研究内容

本书由四部分八章构成，图0-1是本书结构框架。第一部分是导论部分；第二部分是新型农业公共服务体系建设研究的理论部分，该部分由第一章和第二章构成；第三部分是新型农业公共服务体系建设的实践部分，该部分由第三章、第四章、第五章和第六章构成；第四部分是新型农业公共服务体系建设的应用部分，该部分由第七章和第八章构成。

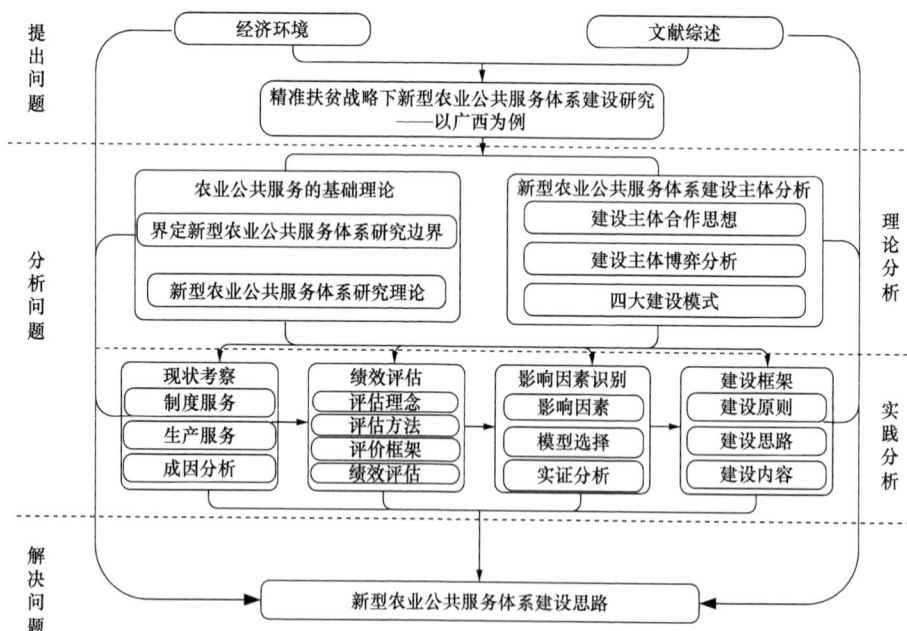

图0-1　本书技术路线

导论部分包含包括国内外宏观经济动态、新型农业发展动态和农业公共服务体系建设现状的精准扶贫战略背景、本书选题研究的理论意义和实践意义、农业服务体系研究现状和进展、文献述评、写作框架以及可能的创新等部分。

第一章是新型农业公共服务体系基础理论。该部分辨识了公共服务和公共产品，农村公共服务和农业公共服务，农业社会化服务和农业公共服务，农业服务和农业公共服务四组概念的差异；概述了新型农业公共服务体系组成、具体内容、供给模式以及在国民经济发展中的地位和作用；归纳总结了包括公共选择理论、新公共服务论、非合作博弈论、委托代理理论和供给均衡论等规范和实证分析的基础理论；描述了实证分析的数据来源、数据处理以及调查设计和调查具体内容。

第二章是新型农业公共服务体系建设主体分析。该部分以四大假说为前提，采用静态和动态三方非完全信息博弈模型，对政府、企业和农户三方在建设新型农业公共服务体系的行为进行分析，得出了政府主导企业参与型、政府参与企业主导型、政府主导农户参与型、政府参与农户主导型四大建设模式。

第三章是新型农业公共服务体系建设现状考察。该部分简单概述和分析了新型农业发展现状，详细阐述了农业政策制度、农业生产服务、农业市场服务、农业科技服务、农村金融服务、农业发展服务和农业保障服务七部分建设现状，定性分析了新型农业公共服务体系现状形成的原因。

第四章是新型农业公共服务体系建设绩效评价。该部分从数据包络分析法、灰色关联分析法、人工神经网络分析法和模糊综合评价法比较中，选择了BP人工神经网络模型作为绩效评价法，根据绩效评价原则和理论依据设计了新型农业公共服务体系绩效评价体系，利用人工神经网络模型评价了广西新型农业公共服务体系建设绩效，并分析了绩效评价结果。

第五章是新型农业公共服务体系建设影响因素分析。该部分根据绩效评价结论采用双层线性模型，从8个第一预测变量和8个第二预测变量中识别出了农业信贷比、农业机械化指数等影响广西新型农业公共服务体系的重要因素。并对重要影响因素按照综合影响程度进行了优先序排序。

第六章是新型农业公共服务体系建设框架。该部分阐述了新型农业公共服务框架创新的目的和意义，以此为基础结合新型农业公共服务建设的宏观经济背景、建设现状和农情，提出了建设新型农业公共服务体系的基本原则、建设思路和建设内容。

第七章是加快新型农业公共服务体系建设的基本思路。该部分梳理了欧、美、日、韩等发达国家和印度、巴西等发展中国家新型农业公共服务体系建设经验，结合研究结论和建设框架，提出了包括农业科技、教育、土地流转、农村金融、市场监督等关于农业生产基础服务建设和农业市场服务建设内容的政策思路。

第八章是研究结论和研究展望。该部分总结了全书研究的主要结论，根据国际农产品贸易趋势、粮食安全、我国新型农业发展进程对未来研究进行了展望。

二、研究方法

在研究方法上，本书以制度经济学、福利经济学、博弈论为主要分析工具，采用了实地考察和问卷调查相结合、定性分析与定量分析相结合、博弈分析法等方法。

（一）实地考察和问卷调查相结合

为了充分了解广西新型农业公共服务体系建设现状，2014年笔者对广西桂林、百色、崇左、贵港、北流等13个县市、42个乡镇、126个行政村展开农户问卷调查，并选择典型对象，如种植大户、村干部、低收入户、高收入户等进行入户访谈，了解新型农业公共服务体系建设存在问题。

（二）定性分析与定量分析相结合

本书以定性分析为基础，同时灵活运用定量分析法。本书首选运用定性分析对国外新型农业公共服务体系建设实践的特征和调查区域新型农业公共服务体系建设现状存在问题；同时充分利用调查问卷和面对面访谈搜集的数据资料；采用人工神经网络法和双层线性模型分别对新型农业公共服务体系建设绩效进行评估和对其影响因素进行识别及优先序。

（三）博弈分析法

本书以三方非完全信息博弈理论为基础，运用经济建模法对政府、企业主体和农户三方参与主体进行了博弈分析，以此探讨新型农业公共服务体系建设路径。

第五节　本书创新之处

（1）以新型农业公共服务体系概念为基础，拓宽了新型农业公共服务体系的内涵与外延。

（2）采用非完全信息博弈模型对政府、市场主体和农户三方主体进行博弈分析，形成了新型农业公共服务体系的四大建设路径。

（3）根据绩效评价原则和依据，创新了新型农业公共服务体系建设绩效评价体系,采用该评价指标对广西新型农业公共服务体系建设绩效进行了综合评价。

(4)将绩效评价指标转化为变量,利用 HLM 软件,采用双层线性模型识别了现代公共服务体系建设影响因素,测度了该影响因素的重要程度。

(5)导入数学期望统计指标,根据双层线性模型回归系数计算了新型农业公共服务体系建设影响因素的优先序。

第一章 新型农业公共服务体系基础理论

第一节 公共服务核心概念辨识

一、公共服务与公共产品

David Hume、Adam Smith 和 A. R. Lindahl 是最早研究公共产品的杰出学者。David Hume 在《人性论》中从自私角度研究了公共产品问题，指出个人"无力无心"解决公共事物，但存在该类物品共同消费。Adam Smith 在《国民财富的性质及其原因研究》中完善了公共产品的性质和提供问题。A. R. Lindahl（1919）年在毕业的博士论文《公平税收》中定义公共产品是国家对人民的一般给付，而个人或个人集团对公共产品所支付的价格就是赋税；并从供给角度建立了林达尔模型，对消费者承担的公共产品支付的税赋进行了一定程度的研究。但是，公共产品的定义却产生于 20 世纪中期。Samuelson（1954）在《经济学与统计学评论》杂志上发表的《公共支出的纯理论》一文中，定义纯粹的公共产品为"每个人对这种产品的消费，并不会减少其他任何个人对它的消费"；且在《经济学》中写道"一种私有产品意味着，我对它的消费阻止了你对它的消费，也意味着我可以排除你吃我的面包；一种公共产品意味着，其消费是非对抗的而且是非排他的"。其后，公共物品定义进行了相应的拓展和深化，代表者有 R. Musgrave、Buchanan、张五常等。R. Musgrave（1959）以私人产品排他性原则为切入点，从非竞争性和不可分割性两特征定义了公共产品。Buchanan（1968）将供给视角与政治制度结合，认为通过政治制度实现需求与供给的物品与服务为公共物品。近代经济学家经济学家张五常认为"公共产品"不是"共用品"，更不是"公共财产"，公共产品的唯一特征是边际费用等于零。综观公共物品定义的发展脉络，我们不难看出供给、消费和特征三视角是学者们定义分歧之所在。马裙（2005）指出传统的公共产品理论不具有现实性，建立新定义的前提是规范区分物品和服务。

什么是服务？从词性可以定义服务为为一定组织或他人权益提供便利、帮助；依此意，服务有公共服务和私人服务之分。什么是公共服务？目前学术界对此存在四类理解。其一是带有政治色彩的"为人民服务"。毛泽东说："我们这个队伍是为着解放人民的，是彻底地为人民的利益工作的。""为人民利益而死，就比泰山还重；替法西斯卖力，替剥削人民和压迫人民的人去死，就比鸿毛还轻。"显然这里"人民"有所特指；而公共服务超越了阶级、区域等界限。其二是将公共服务理解成国家公务员的职责和工作，即政府"弥补市场不足，促进社会公平"的所有工作。中共十六届三中全会在通过的《中共中央关于完善社会主义市场经济体制若干问题的决定》中明确提出"按照中央统一领导、充分发挥地方主动性积极性的原则，明确中央和地方对经济调节、市场监管、社会管理、公共服务方面的管理责权"。该《决定》将政府职能总结为经济调节、市场监管、社会管理和公共服务，明确了公共服务的内涵和外延。其三是包括政府的市场主体在公共服务供给中所承担的责任。其四是从行政机构和活动委托规范了公共服务的定义。相对前三类定义而言，该定义肯定了公共服务的供给主体、活动及其目的，基本反映了公共服务的内容。

那么，公共产品和公共服务之间是否具有严格的定义区分呢？笔者认为厘清两者之间的"纠结"，核心问题是"服务为谁"、"由谁供给"和"如何供给"。欧美发达国家的经验值得借鉴，他们20世纪90年代的政府鲜明突出了"服务为谁"的理念。如英国政府的"顾客导向观"，美国政府的"顾客至上观"。2004年温家宝总理在省部级主要领导干部"树立和落实科学发展观"专题研究班结业仪式上的讲话中指出，公共服务就是提供公共产品和服务，包括加强城乡公共设施建设，发展社会就业、社会保障服务和教育、科技、文化、卫生、体育等公共事业，发布公共信息等。可见，温家宝总理对公共服务定义的新界定突破了上述两学派的分歧。

二、农村公共服务与农业公共服务

20世纪70年代以来，Elinor Ostrom团队就开始研究农村公共服务；而将农村公共服务纳入公共经济学、公共管理学和政治学领域。新中国成立以来，农村公共服务一直是政府建设和学者关注的重点。徐小青从农村公共服务的形态角度界定了农村公共服务为："为满足农业、科技发展和农民生活、生产公共所需要而提供的具有一定的非排他性和非竞争性社会服务，是不具备物质形态，而以信息、技术和劳务等服务形式表现出来的一种农村公共产品。"王小林则认为农村公共服务应包括有形和无形形态的公共产品，他定义农村公共服务为"为满足农业生产、农村发展和农民生活共同需要的，为农村居民公众利益服务的事务"。康洪（2008）认为农村公共服务是公共服务的延伸，他指出"农村公共服务是指农村地区农业、农村或农民生产和生活共同需要的具有一定非排他性和非竞争性的有形或无形产品，包括农村义务教育、农村基本医疗、公共设施、农业天气预报等"。按此概念，农村公共服务包括农村纯公共服务和准公共服务两大类，纯公共服务包括农村计生服务、农村环境保护、农业灾害预报设施等，准公共服务包括农村义务教育、农村公共卫生、农村社会保障、农田改造、农村水利灌溉等。图1-1是以建设新农村为目标构造的农村公共服务体系。

图1-1　农村公共服务体系

学界对农业公共服务概念界定存在两类分歧。第一类观点认为农业公共服务是农村公共服务的一部分。如田翠杰（2011）定义新型农业公共服务是农村公共服务的一部分，为满足新型农业生产发展而提供的公共服务，具有物质形态，以信息、技术和劳务等为主要形式。如王宾等界定农业公共服务概念"为满足农业、农村发展或者农民生产、生活共同所需而提供的具有一定的非排他性和非竞争性社会服务，是不具备物质形态，而以农业信息、农业技术或劳务等服务形式表现出来的一种农村公共产品"。第二类观点认为农业公共服务和农村公共服务存在交叉的区域，两者之间不存在隶属关系。如任月红和左显兰（2011）结合《中共中央关于进一步加强农业和农村工作的决定》和2009年中央一号文件，将农业公共服务界定为实现农业稳定发展，贯穿农业全过程，由政府或非政府组织提供，具有一定非排他性和非竞争性的社会化服务，包括物质性公共品与制度性公共服务。比较上述两类观点，笔者认为农业公共服务既包含有形公共产品，如农业技术设施、农业病虫害防治、农业技术推广等；又包含无形的公共服务，如农产品销售、农产品生产安全等；因此，笔者比较认同第二类观点，图1-2是农业公共服务体系构成。

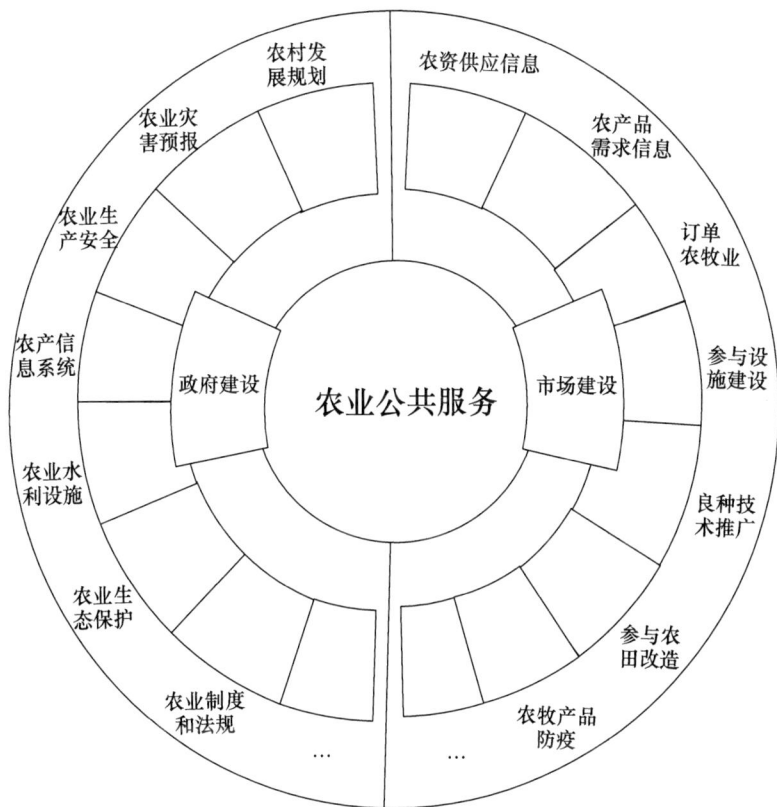

图1-2　农业公共服务体系

三、农业社会化服务与农业公共服务

对农业社会化服务的定义界定，不同的国家有其特定的内涵。联合国粮农组织与世界银行界定农业社会化服务为为农民提供农业产前、产中和产后的劳务、技术和信息咨询等服务。美国界定农业社会化服务为为农业生产阶段而开展的产中服务，如植保、兽医以及农产管理等。而澳大利亚界定的农业社会化服务定义包含农业生产和流通提供的各种服务、农村旅游等内容。

我国农业社会化服务也经历了一段时期演变。农业社会化服务前身是1983年《人民日报》使用的"农业专业化服务"概念，1984年和1986年的中央一号文件将其演化为"社会服务"、"商品生产服务体系"、"生产服务社会化"概念，之后又进化为"系列化服务"、"一体化服务"等概念。1990年中共中央、国务院在《关于1991年农业和农村工作的通知》中以"农业社会化服务体系"的形式首次使用了农业社会化服务概念，并于次年对农业社会化服务概念进行了动态化界定说明。

学界对农业社会化服务概念研究分两个时期。第一个时期是20世纪90年代。宣杏云（1993）定义农业社会化为专门从事为农业生产提供生产资料，农产品收购、储存、加工和销售，及生产中各种生产性服务。黄青禾（1994）认为农业社会化服务是向农业经营主体提供生产要素和各种投入品服务，信息、会计、法律等经营劳务服务、营销服务及安全保障服务。第二个时期是21世纪。郭翔宇（2001）界定农业社会化服务为"与农业相关的社会经济组织为满足农业生产的需要，给直接从事农业生产的经营主体提供各种服务"。孔祥智、徐珍源和史冰清（2009）认为农业社会化服务内容十分丰富，包含物资供应、生产服务、技术服务、信息服务、金融服务、保险服务，以及农产品的运输、加工、贮藏、销售等各个方面。十七届三中全会《决定》提出："加快构建以公共服务机构为依托、合作经济组织为基础、龙头企业为骨干、其他社会力量为补充，公益性服务与经营性服务相结合、专项服务和综合服务相协调的新型农业社会化服务体系。"这为新时期建设农业社会化服务体系指明了方向，瞄准了建设范畴，注入了新内容。比较上述两个时期，新时期新背景丰富了农业社会化服务概念的内涵与外延。一是服务理念的转变。新时期的农业社会化服务注入了切实服务"三农"的"全局性"服务理念。二是服务内容的丰富。新背景下的农业社会化服务以原有建设路径为基础，开发服务建设"增量"，从量变到质变，由局部带动整体，而实现全方位服务。三是运作形式的创新。新时期新背景下的农业社会化服务采用公益性和经营性，专业性和综合性相结合运作方式，健全沟通机制、激励机制、问题解决机制，促进农业社会化服务的合理机制健全和完善。图1-3

是农业社会化服务体系的构成。

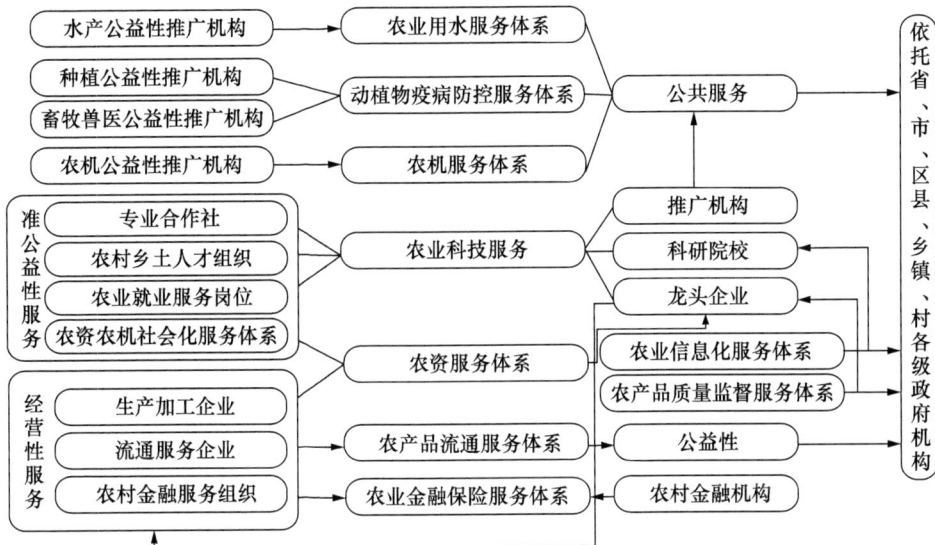

图 1-3　农业社会化服务体系

图 1-4 显示了农业公共服务体系与农业社会化服务体系关系。按图 1-2 显示农业公共服务内容，将其分为农业生产服务、农业发展服务、农业保障服务、农业制度服务、农业金融服务和农业科研服务。农业社会化服务包含农业产前、产中、产后三环节内容。两者交集于农业生产性服务。

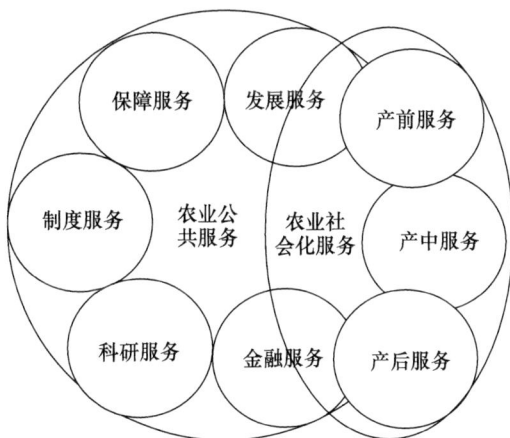

图 1-4　农业社会化服务体系与农业公共服务体系关系

第二节 新型农业公共服务体系概述

一、新型农业公共服务体系概念界定

（一）新型农业公共服务体系概念

新型农业公共服务体系指政府主导，市场主体和社会主体参与；以农民增收、农业和农村发展为目标；与经济、社会和农业现状相结合，向农业经营者提供利用科技武装的包含农业生产、基础设施、制度建设、科学技术、人力资本、农业生态、农业投资风险管理等服务内容组成的网络框架体系。

（二）新型农业公共服务体系

（1）制度服务。制度既是资源配置和优化的基础，又是生产函数外生变量内生化的基础；服务内容包括基本经营制度、市场体系、市场监管、支农长效机制等。

基本经营制度是农业发展的基石。十七届三中全会强调稳定和完善农村基本经营制度，大力发展集体经济、新型农民合作组织、农业社会化服务组织、农产品加工龙头企业四种类型的服务主体。服务主体提高农民组织化程度，实践证明农民组织化程度越高，收入越高。大力发展服务主体也需依赖完善的市场体系和监督机制。市场体系包含农业信息市场、农村金融市场、农业技术市场、农村消费品市场和农业生产资料市场。完善的市场体系是服务主体发展的动力，完善的监督机制是市场得以正常运作的保障。农业市场机制由市场主体行为监管、农业安全生产、农产品质量监管等组成。然而上述体制机制建设受农业天然属性约束，需要政府形成支农长效机制给予支撑。支农长效机制是指支持新型农业快速发展的农民增收机制，包含金融支农、生产要素配置、财政支农、补贴政策等。

（2）生产服务。生产服务是农业再生产效率和质量的保证。生产服务主要指为提高农业生产效率和农产品生产质量而向农民生产活动提供的服务。根据生产环节，可将农业生产服务分为产前、产中和产后服务。产前服务中，政府两大服务职责：一是监督社会主体供给的现代化农业机械、化肥、农药、饲料等农资质量。二是引导农民新一轮生产，宏观调控农业生产格局；产中服务中，政府除了继续承担监督农资质量外，为农户提供技术指导、提供农业生产气象信息、病虫害和疫病防治信息等；产后服务中，政府通过建立的农产品质量监管评估体系为市场提供农产品质量信息、为农户提供农产品供需信息等。此外，生产服务还包含农田平整、机耕地、农田水利设施等农业基础设施建设内容。

（3）金融服务。金融服务是新型农业发展基本要求。新型农业基础设施、农业科研与技术推广、人力资本等投资额度大、周期长，让市场主体望而却步，受财力约束的政府财政支持性服务发力于直接和间接资本两领域。

与传统相比，新型农业更加注重覆盖生产、分配、交换和消费四大环节的科技元素，包含基础设施、气象等设施、农产品储存设施、动植物疫病检测设施、农产品运输设施、劳动力建设等。除了上述直接投资外，政府利用信贷贴息、信贷担保、退税免税、财政支助、财政补贴等，调动市场主体和社会主体的积极性，引导市场主体和社会主体参与，以弥补政府财政资金不足。此外，完善的农业保险市场将有效降低农业生产的自然风险、市场风险和经营风险，减少农民上述风险所带来的损失。

（4）科技服务。现代科技在农业领域推广和普及，提高了农业生产效率，拓展了农业资源空间，重组了农业资源，改善了农业管理效率，等等。总体上讲，农业科技服务包含两大内容：一是农业科研服务；二是农业技术推广服务。其中农业技术推广服务是当前科技服务建设的重点内容。它包括农业先进技术推广、农业生产技术指导、农产品信息网络建设等内容。

（5）发展服务。党的十七届三中全会明确提出，发展中国特色的新型农业，必须不断提高农业可持续发展能力。新型农业发展服务包括农业文化、农业生态保护和农业人力资源三大类。新型农业文化包含农业科技意识、管理意识、市场风险意识、土地集约经营的规模化意识，等等。新型农业文化促使新型农用技术快速推广，提高农户农业生产管理水平，掌握农业市场信息动态而降低农业经营风险，推动土地集约化经营，等等。良好的农业生产环境是农民生产安全健康的农产品的必要条件。尽管绿色、有机农产品价格较高，但是恩格尔系数下降证实居民偏好于优质健康的农产品，且这种趋势未来将明显增强。建设农业生态环境将是农民可持续增收的唯一措施。农业科技推广需要新型农民，所谓新型农民指具有高素质的农业从业人员。农民素质是我国新型农业发展弱点。2008年公布的农业普查数据，在全国调查的56147.9万农村从业人口中，高中以上教育的仅有3258.7万人，占5.8%；小学23665.5万人，占42.15%；初中21356.3万人，占38.04%；平均受教育年限6.54年，纯农业为6.23年。新型农业是广泛采用高度发达农业科学技术经营和管理的商品性农业，已由传统农业的简单劳动演化为新型农业的复杂劳动。新型农业的劳动者和经营者必须具有相当高的文化水平，掌握机械、电气、计算机等先进技术装备，能适时、适地地运用各种科学技术，懂得市场经济和经营管理。因此，应大力建设和完善农业人力资源服务。

（6）保障服务。服务新型农业保障服务包括权益保障、养老保险等。权益保障和养老保险对我国新型农业发展具有广泛而又深刻的意义。我国农民收益权包含土地流转收益、工资收益等。随着城市化推进，农民的土地收益大大缩水。按照国家规定，土地收益主要成分是农民征地补偿费，占土地收益总额 68.6%，但农民实际仅得到 5%～10%，且征地补偿分配混乱，乡镇、村、组、农民之间缺乏可操作的统一分配方法，导致农民所得进一步减少，造成大量的上访、对抗事件。农民集体作为土地原始所有者，为地方经济发展放弃土地使用权；相对城市居民而言，土地对于农民具有更为深远和广泛的意义。它不仅是农民生产经营的基础，在目前农村社保体系尚未建立、劳动力转移有诸多困境的情况下，更具有重要的保障功能和归依功能，对社会稳定和经济发展存在广泛的潜在影响；如果农民无法从以土地开发为先导的工业化、城市化进程中受益，农业资本的积累就更加步履维艰。

（三）新型农业公共服务体系结构及相互关系

图 1-5 是新型农业公共服务体系构成及结构关系。农业生产服务是开展其他服务的基础。农业制度和政策服务为农村金融服务、农业科研服务、农业市场服务、农业生产服务、农业发展服务和农业保障服务提供制度和政策保障。在农业制度和政策保障下，创新农村金融产品和改革农村金融服务模式满足农业生产

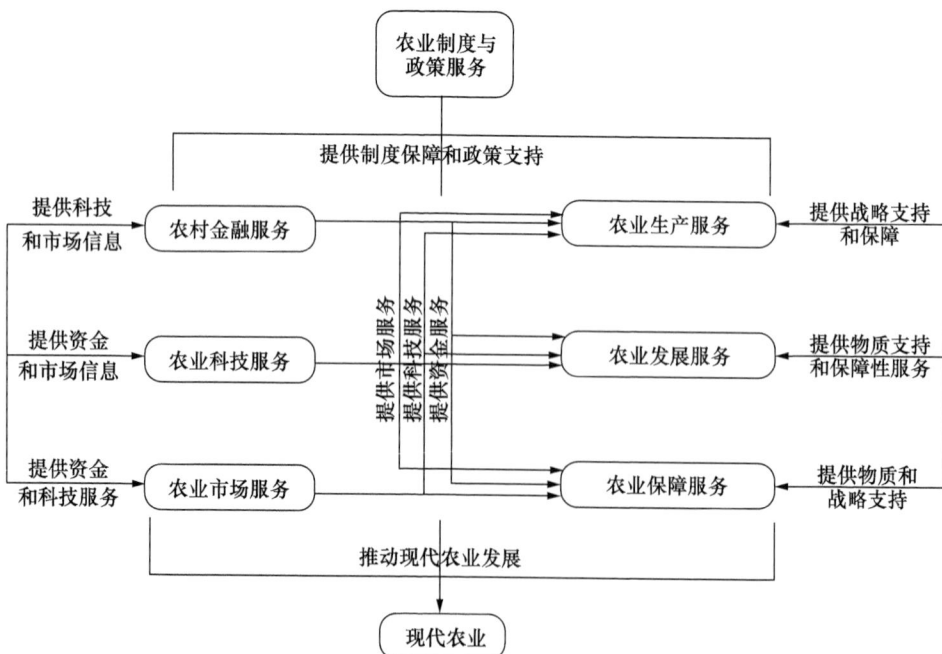

图 1-5　新型农业公共服务体系构成及结构关系

以及农业生产性服务各种需求资金，完善科研体系和农业技术推广体系提高新型农业生产效率，建设和完善农产品市场服务体系加速农产品流通，提高农民文化程度和健全农业职业教育体系为新型农业可持续发展提供智力保障，健全农业保障服务促使农地快速流转，实现新型农业节约化，凸显新型农业规模效应。

二、新型农业公共服务体系基本特征

（一）历史性

新型农业是农业发展的必经阶段。传统农业消耗生产要素而走上粗放型发展路径，然而，城市化推进使得耕地越来越稀缺、农村劳动力转移使得农业从业人员老年化和文盲化等逐渐威胁国家粮食安全战略，宏观经济发展全局，以至于影响"十一五"全面小康生活目标的实现。从另一角度看，这为传统农业转向新型农业提供了机遇。新型农业在农业科技支撑线凸显规模效应和生产效率。劳动力转移为土地集约化经营提供了机遇，而土地集约化经营又为农业机械化提供了机遇。尽管农民老龄化和文盲化比较严重，但在农业收入比较收益提高下，具有高中级以上学历的新生代农民工会适当回流。政府主导下建立农业技术培训体系以及为了推动新型农业发展而建立的各类专业合作社也是技术推动的平台。在科技支撑下，在新型农业各种服务体系辅佐下，新型农业必将取得丰硕的成果。

农业发展的历史性决定了农业公共服务的历史性。辅佐传统农业发展的农业公共服务建设以农业基础设施、农资生产安全和质量、农产品生产安全等为主；而随着传统农业成功实现新型农业过渡，与新型农业发展相适应的农业公共服务体系除了继承传统公共服务体系的主要建设内容外，还有农业技术推广体系、农业人力资源体系、农产品质量监管、农业生态保护等内容。此外，尽管在新型农业发展时期，农业公共服务体系的建设内容、目标和力度也会因农业发展而因时因地存在差异。

（二）动态化

与上述特点相对应的农业公共服务体系建设的动态化。所谓动态化是指农业公共服务体系各时期建设重点随农业发展而调整。换而言之，农业公共服务体系是在农业发展过程中建设完善的。

国外农业现代化过程是质变量变动态过程。发展经济学理论认为，不论是强制性制度变迁还是诱导性制度变迁，都应以制度变迁成本最小化为标准，而以既定路径为基础，不断修葺和完善既有路径，无疑是降低制度变迁成本的最优选择。尽管农业发展被人为切分为传统农业、新型农业、信息农业等阶段，但相互交织的现状贯穿始终。

（三）多元性

多元性特征指公共服务供给者多元化。马庆钰教授将弱竞争性和弱消费性私

人物品公共化，使公共服务边界从纯公共物品扩展至准公共物品，这意味着公共服务供给主体除了政府以外，还有社会主体和市场主体；但政府居于主导和支配地位。

农业公共服务体系和农业社会化服务体系区别有：一是建设主体。农业公共服务主体体系建设主体是政府，农业社会化服务体系建设主体是政府以外各类市场主体。二是建设内容。农业公共服务体系的公共属性决定了建设内容，而建设内容的投资额度大、建设周期长等特点决定了建设主体只能是政府；而农业社会化公共服务体系建设内容由市场主体的爱好决定，因此，投资小、周期短等建设内容而为社会主体所爱。

然而，从农业社会化服务体系建设里程演变看，农业社会化服务内容早期也属于农业公共服务体系建设范畴，而仅仅因建设效率、监管等逐渐为社会主体所取得。随着社会主体资本的积累和价值取向转变，以及国家财力限制，当前由政府建设的新型农业公共服务体系建设内容也引入了各类市场战略主体参与建设，如农地整理、农业科技研发，等等。

（四）多维性

新型农业多维目标决定了农业公共服务体系建设目标的多维性。发展新型农业实现保证粮食安全、农民可持续增收、实现三次产业包容性发展。发展新型农业和三大目标是直接影响关系，而新型农业公共服务体系通过保障新型农业而间接实现三大目标。

农业生产性服务为新型农业提供硬件环境，农村金融服务体系、农业科技服务体系和农业保障服务体系为新型农业提供软件环境，农业发展服务体系为新型农业发展提供战略引导。

（五）综合性

新型农业突出科技贡献率；科技重组资本和劳动者，要求良好的基础设施，要求完善的市场体系，要求完整的制度体系等。农业基础设施建设虽然以政府建设为主，但需要市场主体参与，需要农村金融机构提供借贷资金，需要现代建设机械支撑。而农村金融机构需要农业制度创新和政策调整，需要具有高素质的劳动力参与。为了实现科学发展观和可持续发展，新型农业规划还需要有前瞻性和战略性。推动农地流转需要建立完善的农村养老保险等保障体系取代农地保障性功能。因此，推动新型农业发展需要综合性的新型农业公共服务体系。

三、新型农业公共服务体系供给模式

新型农业公共服务体系的供给模式有：政府供给模式、多元供给模式和多中心供给模式。

（一）政府供给模式

政府供给模式起源于政府职能讨论。1690 年，John Locke 在《政府论两篇》中提出：政府是一种责任，目的是为了人民的"公共福利"。1861 年密尔在《代议制政府》中指出：政府唯一目的是给人民提供福利。19 世纪 80 年代边际革命的到来，边际效用概念和边际分析方法使得公共产品理论发展成一门新型学科。1954 年，萨缪尔森指出公共产品的非排他性和非竞争性特征导致市场供给失灵，政府成为公共产品最好的提供者。1956 年，蒂布特"用脚投票"的观点将萨缪尔森的公共产品理论延伸到了地方政府活动领域。上述观点基于公共服务的非竞争性和非排他性两特征以及消费者的"搭便车"行为。经过 20 世纪 60～70 年代的经济危机，Oakland William（1974）、Smith Vernon（1980）和 Marwell G.，R. Ames（1980）提出政府作为公共服务供给者导致供给明显不足，且难以实现帕累托最优。其实，早在 1959 年马斯格雷夫就提出了公共需求的供给与生产的分理论，其支持者奥斯特罗姆等人于 1961 年将此观点进化为公共需求提供和生产分理论。他们指出，政府可以把某些公共服务外包给市场主体，让市场主体组织生产，政府购买服务，然后提供给社会。这个过程中，政府是提供者，市场主体是生产者；并认为该模式有助于提高公共资源效率。

（二）多元供给模式

1979 年，Gold 挑战了萨缪尔森公共服务理论，指出公共服务"由谁供给"取决于供给方式。他在文中将公共服务分为"平等消费"和"选择性消费"两类，认为市场主体可以成为"选择性消费"公共服务的供给主体。Goldin K. D.（1992）进一步分析了供给方式的决定因素，指出公共服务的供给方式取决于排他性技术和个人偏好的多元化。Claudia K. & Frans W.（2000）和 Kevin S. & T. Sandier（2004）从政府职能出发，认为政府作为公共服务的主导者，并非供给者。他们认为政府完全可以通过政策引导等形式鼓励社会公众与民间公共组织积极地参与公共服务供给。实践中如何实现公共服务社会化呢？一部分学者认为实现公共服务非排他性、非竞争性和不可分割性特征的外部性内部化，不仅为社会主体供给公共服务扫清障碍，而且有助于提高公共服务的供给效率。持有该观点的国内外学者如岳军、Peter Norman、Justin P. Johnson、Kerschbamer R. & Puppe C.，Banoli Mark & Barton Lipman 等。另一部分学者从市场主体提供公共服务中获得效应着手，认为市场主体提供公共服务以互惠有利为基础，同时他们承认利己主义的市场主体提供公共服务十分有限。如果以这种模式供给公共服务，必将降低社会效率（Kerschbamer R. & Puppe C.，1998；Banoli Mark & Barton Lipman，1989）。

（三）多中心供给模式

多中心供给模式以治理理论为基础，多中心治理强调自主治理，在公共服务工程中允许多个权利中心和服务中心并存。迈克尔·麦金尼斯（2000）利用经济学原理对该模式进行全方位诠释。他认为有必要构建公共服务提供者、生产者和消费者的制度，该制度特点允许并鼓励提供者、生产者和消费者不同的综合层次混合和搭配运作。通过多个政治层面与领域互动和生产层次叠使每一项公共服务获得多项不同的制度安排供给，从而产生激励和有效竞争，提高公共服务质量，增进公共利益。王兴伦（2005）指出，与传统的"单中心供给模式"相比，多中心治理模式具有多种选择、减少搭便车行为和更合理的决策三个优点。然而，陈振明分析实现多中心治理模式的必要条件后，指出没有市场安排、法律社群、宪政等组织中的多中心，该模式的运行无效。

四、新型农业公共服务体系的地位和作用

（一）新型农业公共服务体系的地位

（1）农业公共服务体系是新型农业产业体系重要组成部分。2007年中央出台的《关于积极发展新型农业扎实推进社会主义新农村建设的若干意见》文件指出发展新型农业就是"要用现代物质条件装备农业，用现代科学技术改造农业，用现代产业体系提升农业，用现代经营形式推进农业，用现代发展理念引领农业，用培养新型农民发展农业，提高农业水利化、机械化和信息化水平，提高土地产出率、资源利用率和农业劳动生产率，提高农业素质、效益和竞争力。建设新型农业的过程，就是改造传统农业、不断发展农村生产力的过程，就是转变农业增长方式、促进农业又好又快发展的过程"。根据该文件建设新型农业内容，农村金融服务、农业科技服务、农业制度服务等建设内容隶属新型农业。

（2）建设农业公共服务体系助推新型农业产业发展与升级。农业产业化是以市场为导向，以经济效益为中心，以主导产业、产品为重点，优化组合各种生产要素，实行区域化布局、专业化生产、规模化建设、系列化加工、社会化服务、企业化管理，形成种养加、产供销、贸工农、农工商、农科教一体化经营体系，使农业走上自我发展，自我积累、自我约束、自我调节的良性发展轨道的现代化经营方式和产业组织形式。它的实质上是指对传统农业进行技术改造，推动农业科技进步的过程。这种经营模式从整体上推进传统农业向新型农业的转变，是加速农业现代化的有效途径。新型农业公共服务体系将为农业产业化带来科技，提升农业产业化效率；创新和改革金融服务，为农业产业化注入资金；完善现有农业制度和支农长效机制，助推市场完善新型农业产业链和辐射面；注入信息化元素，降低市场主体交易成本，引入战略主体投资农业。建设和完善新型农业公共服务体系，进一步降低农业经营风险和生产成本，提供农民生产积极性，加深农业产业化程度，提升农业生产效益。

（3）农业公共服务体系巩固与强化农村基本经营制度。以家庭承包经营为基础、统分结合的双层经营体制，是我国农村的基本经营制度，是农村经济体制改革创新的主要成果。统分结合的双层经营体制是指集体经济组织在实行联产承包、生产经营，建立家庭承包经营这个层次的同时，还对一些不适合农户承包经营或农户不愿承包经营的生产项目和经济活动，诸如大型农机具管理使用，农田基本建设，植保、防疫、制种、配种以及各种产前、产后的各类服务等，由集体统一经营和统一管理，从而建立起一个统一经营层次。而这种经营体制具有两个不同的经营层次，所以称之为双层经营体制。

（二）新型农业公共服务体系的作用

（1）实现国民经济协调发展。改革开放以来，我国为了快速实现工业化，采用剪刀差廉价地剥取农业原材料、劳动力和资本，形成了当前的二元经济格局和城乡二元化格局，工业经济高速发展，城市化建设水平空前，而农村经济水平低下，公共设施建设落后；使得工业化和城市化失去了基础支撑。农业是国民经济发展的基础，实现三次产业平衡发展的关键是推动农业和农村发展，而市场表现的失灵唯有依靠政府有形之手来给予支持，提高政府支农水平，建设新型农业公共服务体系，是推动新型农业发展的关键，是实现国民经济协调发展的重要措施。

（2）促进城乡公共服务一体化。改革开放以来，政府将过多的财力用于发展城市化建设。2008年中央一号文件《中共中央国务院关于切实加强农业基础建设进一步促进农业发展农民增收的若干意见》指出，推动科学发展，促进社会和谐，夺取全面建设小康社会新胜利，必须加强农业基础地位，走中国特色农业现代化道路，建立以工促农、以城带乡长效机制，形成城乡经济社会发展一体化新格局，包括加快构建强化农业基础的长效机制、切实保障主要农产品基本供给、突出抓好农业基础设施建设、着力强化农业科技和服务体系基本支撑等内容。《意见》强调，加强以农田水利为重点的农业基础设施建设是强化农业基础的紧迫任务。必须切实加大投入力度，加快建设步伐，努力提高农业综合生产能力，尽快改变农业基础设施长期薄弱的局面。狠抓小型农田水利建设，大力发展节水灌溉，抓紧实施病险水库除险加固，加强耕地保护和土壤改良，加快推进农业机械化，继续加强生态建设。按照本节新型农业公共服务体系概念，上述内容是新型农业公共服务体系建设的重要内容。由此可见，政府把建设新型农业公共服务体系纳入了城乡一体化建设之中，是城乡一体化建设内容的重要组成部分。

（3）提高新型农业发展质量。2007年胡锦涛主席在十七大中说要促进国民经济又好又快发展。新型农业的质量和效率特征是"又好又快发展"的重要体现，新型农业发展以资源为函数，采用现代科技拓展资源边界和重组现有资源，深入挖掘资源潜力，提高农业资源利用效率；同时，利用现代科技保证农业生产质量，可以说，农业科技贯穿农业生产的整个过程。农业病虫害防治以及自然条件的变化依靠先进的气象设备，农资生产技术更新和农资商品型号变化依靠农业专家技术创新，农业生产效率提高依靠农机等农业机械普及和推广，等等。

（4）保证人类发展环境空间。工业革命导致自然环境日渐恶化，经济社会发展空间逐渐萎缩，这与人类要求的可持续发展成为一对鲜明的矛盾。发展新型农业，修复农业生态系统，提高生物圈自我恢复能力；普及和推广农业科技，拓展农业资源边界和重组农业资源，提高农业资源利用效率，提高单位农业资源产出率，两者保证了人类生产空间和可持续发展。

第三节　新型农业公共服务体系研究的经济学理论

伽达默尔说："一切实践的最终含义就是超越实践本身。"这个论断是意味深长、值得深思的。实践活动作为追求自己的目的的人类历史过程，人类的历史发展过程也就是实践活动的自我超越，即历史地否定已有的实践方式、实践经验和实践成果，又历史地创造新的实践方式、实践经验和实践成果。在实践自我超越的历史过程中，理论首先是作为实践活动中的新的实践途径、思维方式、价值观念和目的性要求而构成实践活动的内在否定性。这种内在否定性就是理论对实践的理想性引导。本节简要介绍了新型农业公共服务体系功能、供给主体、建设内容、建设主体合作方式等内容分析的基础理论。

一、公共选择理论

介于经济学和政治学的新兴交叉学科——公共选择理论诞生于20世纪40年代末，其基本原理和理论框架形成于五六十年代。该理论学派的杰出代表詹姆斯·布坎南说："公共选择是政治上的观点，它以经济学家的工具和方法大量应用于集体或非市场决策而产生。"公共选择理论批评了经济政治上对立的"善恶二元论"，试图将人的政治利益和经济利益选择纳入同一个分析框架，以三个要素为基础，创新新政治经济学分析体系[①]。

---

① 公共选择理论的三大基本要素分别是：一是个体主义方法论。个人为决策基本单位，个体行动组成集体行动，无论是个人活动或是集体活动，个人都是最终决策者。二是经济人假设。经济市场或政治市场中的个体都具有经济人的特征，即追求利益最大化。三是交易政治。政治活动也是交易活动，交易对象包括商品、选票及各种利益好处；政治与市场的差别是个人追求其不同利益时所处的条件和手段。

公共选择理论认为，人类社会由经济市场和政治市场组成。在经济市场中，供给者和需求者在货币约束下选择效用最大化的商品组合；在政治市场中，选民和利益集团通过政治选票选择能带来最大利益的政治家、法律制度和政治法案。在两种不同市场中，经济人都会以"利益最大化"做出选择。该理论将经济学将研究对象拓展到政治学研究领域；将人经济政治行为作为研究对象，以"经济人"为假设，结合实证分析法和成本—效益分析法，揭示个人偏好与政府公共选择关系，研究选民如何对服务供给的决定表达意愿。公共选择理论的作用在于揭示政府决策的客观现状；即经济学分析中关于"客观事实是怎样"的分析，力图揭示表象的内在根源。

在新型农业公共服务体系建设过程中，政府为了获取最大政治利益而通过对农业投资增加农民收益，农民根据所获收益是否最大化而做出是否支持政府的选择，这是经济利益最大化的农民和政治利益最大化的政府两者之间的相互博弈过程。将公共选择理论导入新型农业公共服务体系研究框架中，揭示现行新型农业公共服务体系建设格局的本质现象，辨识新型农业公共服务体系建设影响因素，更好的服务农业。

二、新公共服务论

美国著名公共行政学家 Robert B. Denhardt 和 Janet V. Denhardt 针对新公共管理论之企业家政府理论缺陷的批判构建了新公共服务论。新公共服务论受民主社会公民权理论、社区和公民社会模型、组织人本主义和组织对话理论及后现代公共行政理论的影响。它认为政府作为公共服务的管理者，在管理公共组织和执行公共政策时，工作重点不应该是政府航船掌舵，也不应该是为其划桨，而应该是建立一些明显具有完善整合力和回应力的公共机构；该公共机构应该战略地思考，民主地行动，超越市场主体身份，重视公民身份，以公共利益为主要目标，服务于公民，重视人和效率与公民权和公共服务。

新公共服务论是我国现行政府行政改革的理论支点。2003 年温家宝总理在国家行政学院的讲话中明确指出"经济调节、市场监管、社会管理和公共服务，是社会主义市场经济条件下政府的四项基本职能"，而且要不断"强化社会管理和公共服务"。十六届五中全会中通过的《中共中央关于制定国民经济和社会发展第十一个五年规划的建议》进一步指出"……各级政府要加强社会管理和公共服务职能"。当前，我国政府公共服务的重点领域是：公共安全和秩序、公共卫生和环境、公共（义务）教育和培训、公共福利和社会救济、公共基础设施。

我国新型农业公共服务体系建设成就斐然。如河南农业科技信息化平台逐渐形成，2010 年河南商务厅在"全国农产品网上购销对接会"发布信息 23115 条，成交额 6.49 亿元；其中，通过农村党员干部现代远程教育系统发布信息 13726 条，占发布信息的 59.3%，成交额 3.95 亿元，占总成交额的 60.80%。如河北农村信用社，创新了农村金融产品，完善了农村金融服务体系。如广西大力建设县市级公路等农产品物流基础设施，推动农产品商品化发展。上述服务提供固然重要，但并非符合农户意愿。庞晓鹏分析 17 个省份、51 个县的 105 个村农户调查数据，得出结论：从服务种类上看，当前农户迫切需要信息和技术服务；从农业生产环节上看，种植业农户迫切需要产前服务，养殖业农户迫切需要产中服务。由此看来，农业公共服务供需失衡的关键是没有完善农民公共服务需求意愿表达机制，本质原因是政府漠视了农民需求意愿。导入新公共服务理论，构建以农民为主的公民权和公共服务为核心的农民意愿表达机制，以农民利率为目标，重视人和效率，优化现有农业公共服务体系建设结构。

三、非合作博弈论

1928 年，冯·诺依曼证明的博弈论基本原理，标志着博弈论的正式诞生。1944 年，他和摩根斯坦共著的《博弈论与经济行为》将二人博弈推广到 n 人博弈，并将博弈论引入经济领域。然而，博弈论的抽象性特点使得人们无法了解其研究。1950 年和 1951 年纳什的两篇关于非合作博弈论的重要性论文为人们揭开了神秘面纱，他提出的"纳什均衡"为博弈论广泛应用于经济学、管理学、社会学、政治学、军事科学等领域奠定了坚实的理论基础。

博弈论是指在环境和规则约束下，个人或组织依靠掌握的信息，从各自的行为集或策略集中选择并加以实施，而取得收益最大化的过程；表 1-1 是非合作博弈的主要分类。

表 1-1　非合作博弈的主要分类

博弈分类标准	博弈种类	两者区别
博弈方是否合作	合作博弈	博弈方协议是否有约束力；如果有，就是合作博弈，反之是非合作博弈
	非合作博弈	
行为的时间序列性	静态博弈	博弈方行动是否有先后顺序；如果有，就是动态博弈，反之是静态博弈
	动态博弈	
参与人对其他参与人的了解程度	完全信息博弈	博弈一方对其他博弈方了解程度；如果完全了解，就是完全信息博弈，反之是非完全信息博弈
	非完全信息博弈	

在农业公共服务体系建设过程中，政府根据观察到的农业发展现状作出建设决策，而不了解农民生产诉求，农民根据政府发布的相关文件或许调整生产决

策。因此，农业公共服务体系建设过程是政府和农民之间的不完全信息动态博弈过程，即精炼贝叶斯纳什均衡，以下是在农业公共服务体系建设过程中的政府和农民的精炼贝叶斯纳什均衡基本模型（贝叶斯法则）。本书通过拓展该基本模型，探索新型农业公共服务体系建设路径。

假设 K 类农民 i 有决策 H 种；θ_k 和 a_h 分别表示特定类型和特定决策。假设 i 属于类型 θ_k 的先验概率是 $p(\theta_k) \geqslant 0$，$\sum_{k=1}^{k} p(\theta_k) = 1$；属于 θ_k 的农民 i 选择决策 a_h 的条件概率为 $p(a_h \mid \theta_k)$，$\sum_h p(a_h \mid \theta_k) = 1$，农民 i 选择决策 a_K 的边缘概率为：

$$prob\{a_k\} = p(a_h \mid \theta_1)p(\theta_1) + \cdots + p(a_h \mid \theta_K)p(\theta_K) = \sum_{k=1}^{K} p(a_h \mid \theta_k)p(\theta_k)$$

$$(1-1)$$

式（1-1）表示农民 i 选择决策 a_h 的"总"概率是每一类型农民 i 选择决策 a_h 的条件概率 $p(a_h \mid \theta_k)$ 的数学期望，权数是他属于每一种类型的先验概率 $p(\theta_k)$。

假设政府根据观察到选择决策 a_h 的农户属于类型 θ_k 概率来做出决策，即后验概率 $prob\{\theta_k \mid a_h\}$。由于：

$$prob(a_h, \theta_k) \equiv p(a_h \mid \theta_k)p(\theta_k) \equiv prob\{\theta_k \mid a_h\} \, prob(a_h) \qquad (1-2)$$

所以将式（1-1）代入式（1-2），后验概率为：

$$prob\{\theta_k \mid a_h\} \equiv \frac{p(a_h \mid \theta_k)p(\theta_k)}{\sum_{j=1}^{k} p(a_h \mid \theta_j)p(\theta_j)} \qquad (1-3)$$

四、委托代理理论

委托代理理论虽然属于博弈论主要理论，两者区别是：博弈论以方法为导向，委托代理理论以问题为导向。前者研究的是给定信息结果，什么可能是均衡结果；在本书中，即同时满足政府建设和农民生产需求的农业公共服务体系建设路径。后者给定信息结构，什么是最优契约安排；在本书中，即政府提供建设资金，采用哪种模式建设效率最高。

委托代理理论由五大基本模型构成，隐藏行动的道德风险模型（Moral Hazard with Hidden Action Model）、隐藏信息的道德风险模型（Moral Hazard with Hidden Information Model）、逆向选择模型（Adverse Selection Model）、信号传递模型（Signalling Model）和信息甄别模型（Screening Model）。在应用过程中，上述模型没有严格的定义区分。正如 Myerson（1991）所说："所有'由参选人选择错误行为引起的问题'称为'道德风险'；所有'由参选人错误报告信息引起的问题'称为'逆向选择'。"

委托代理理论试图将如下问题模型化：

参与人（称为委托人）政府想使另一个参与人（称为代理人，社会主体）按照前者建设农业公共服务体系要求选择行动，但委托人不能直接观测到代理人选择了什么行动，能观测到的只是另一些变量，这些变量由代理人的行动和外生随机因素共同决定，因而只有代理人行动的非完全信息。

本书研究的政府问题是：如何根据这些观测到的信息来奖励社会主体，以激励其选择更加有利于农业公共服务体系建设的行动。以下是根据张维迎委托代理理论建立的本书政府问题基本框架模型。

假设 A 表示社会主体所有可能选择的行动的组合，$a \in A$ 表示其一个特定行动，a 表示其努力程度；θ 表示政府和社会主体无法控制的外生随机变量，Θ 是 θ 的取值范围，$G(\theta)$ 和 $g(\theta)$ 是 θ 在 Θ 上的分布函数和密度函数。当社会主体选择行动 a 后，实现外生变量 θ。a 和 θ 共同决定一个可观察结果 $x(a, \theta)$ 和一个货币收益 $\pi(a, \theta)$（π 是严格递增的凹函数。社会主体越努力，产出越高；努力的边际产出率递减。）其中 $\pi(a, \theta)$ 收益属于农民。将政府问题设计成一个激励合同 $s(x)$，根据观测到的 x 对社会主体进行奖惩。

假设政府和社会主体的 $v-N-M$ 期望效用函数分别为 $v(\pi - s(x))$ 和 $u(s(\pi)) - c(a)$（$u' > 0, u'' \leqslant 0; v' > 0, v'' \leqslant 0; c' > 0, c'' > 0$），即政府和社会主体都是风险规避者或中性者，努力的边际负效用是递增的。$\dfrac{\partial \pi}{\partial a} > 0$ 和 $c' > 0$ 导致政府和社会主体发生利益冲突，$\dfrac{\partial \pi}{\partial a} > 0$ 显示政府希望社会主体多努力，$c' > 0$ 显示社会主体希望少努力。因此，除非政府能对社会主体提供足够的代理人激励，否则社会主体不会像政府所希望的那样努力工作。

假设分布函数 $G(\theta)$、生产技术 $x(a, \theta)$ 和 $\pi(a, \theta)$ 以及效用函数 $v(\cdot)$ 和 $u(\cdot) - c(\cdot)$ 都是共同知识（政府和社会主体在技术关系上的认识一致）。

政府期望效用函数表示为：

$$(P) \int v(\pi(a, \theta)) - s(x(a, \theta)) g(\theta) d\theta \qquad (1-4)$$

政府期望效用最大化来自两方面约束：

第一个约束是参与约束，即社会主体从接受合同中得到的期望效用不小于不接受合同同时能得到的最大期望效用 $\bar{u}$，表示为：

$$(IR) \int u(s(x(a, \theta))) g(\theta) d(\theta) - c(a) \geqslant \bar{u} \qquad (1-5)$$

第二个约束是社会主体激励相容约束，给定政府不能观察到社会主体的行动 a 和外生随机变量 θ，政府希望 a 都只能通过社会主体的效用最大化实现。该约束的数学表达式为：

$$(IC)\int u(s(x(a,\theta)))g(\theta)d(\theta) - c(a) \geqslant \int u(s(x(a',\theta))) - c(a'), \forall a' \in A$$

$$(1-6)$$

五、供给均衡理论

公共产品供给均衡论主要有 A. C. Pigou 均衡论、E. Lindahl 均衡理论和 Paul A. Samuelson 均衡理论等。基于本书研究内容，该部分主要介绍 E. Lindahl 均衡理论和 Paul A. Samuelson 均衡理论。

（一）E. Lindahl 均衡理论

1919 年瑞典经济学家 E. Lindahl 在《公平税收——实证的解决办法》一文中提出了他的公共产品决定论。他认为某些政治选择机制和强制性税收是决定公共产品价格充分非必要条件；恰恰相反，人们根据自己意愿和需求确定价格，并按照该价格购买公共产品总量。均衡状态时，该价格使人均公用产品量相同，并和提供的公用产品总量相等。因为每个人购买并消费了公用产品的总产量，按照这些价格的供给恰好就是个人支付价格的总和。

农业公共服务体系直接服务于农业，间接服务于全社会。优质生态型公共服务生产优质健康的农产品，良好的农业生态环境给人以舒适的生活，等等。而建设农业公共服务体系的资料虽来自于政府，但实质是纳税人缴纳的税收。如图 1-6 所示，纳税人 A 和 B，纵轴表示其间接享受农业公共服务支付税收比例，横轴表示农业公共服务供给数量；曲线 AA 和 BB 分别表示纳税人 A 和 B 对农业公共服务的需求。纳税人 A 和 B 通过相互博弈，直到分别承担 h 和 1-h 比例纳税额时，两人对农业公共服务需求才达到均衡点 E。在均衡点 E，纳税人 A 和 B 愿意贡献税收比例 h 和 1-h 而享受农业公共服务带来的间接利益。

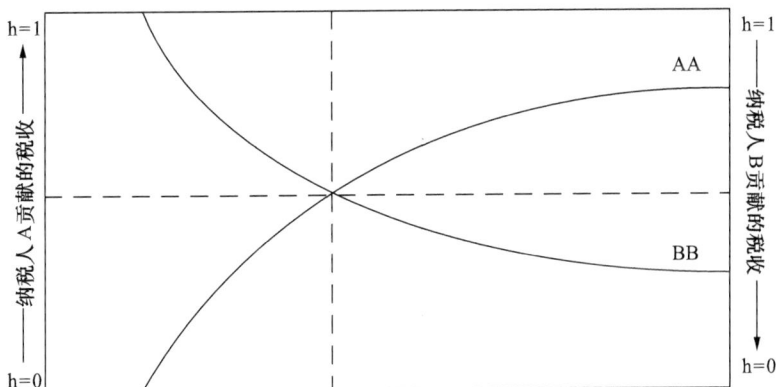

图 1-6　E. Lindahl 均衡模型

（二）Paul A. Samuelson 均衡理论

如何在有限财政资源下建设新型农业公共服务体系？Paul A. Samuelson 1954 年和 1955 年研究的公共产品供求均衡理论为此提供了理论支撑。以下是基于 Paul A. Samuelson 1 均衡模型构造的研究新型农业公共服务体系的基本思路。

假设私人产品总量为 X，新型农业公共服务总量为 Y，$X = X^A + X^B$，生产可能性边界隐函数 $T(X^A + X^B, Y) = 0$，社会福利函数为 $W = W(UA(XA, Y), UB(XB, Y))$。在生产可能性边界限制下福利最大化，$LG$ 函数为：$L = W(UA(XA, Y), UB(XB, Y)) - \lambda T(X^A + X^B, Y)$，其一阶导数为：

$$\frac{\partial L}{\partial X^A} = \frac{\partial W}{\partial U^A} \times \frac{\partial U^A}{\partial X^A} - \lambda \frac{\partial T}{\partial X} = 0 \tag{1-7}$$

$$\frac{\partial L}{\partial X^B} = \frac{\partial W}{\partial U^B} \times \frac{\partial U^B}{\partial X^B} - \lambda \frac{\partial T}{\partial X} = 0 \tag{1-8}$$

$$\frac{\partial L}{\partial Y} = \frac{\partial W}{\partial U^A} \times \frac{\partial U^A}{\partial Y} + \frac{\partial W}{\partial U^B} \times \frac{\partial U^B}{\partial Y} - \lambda \frac{\partial T}{\partial Y} = 0 \tag{1-9}$$

$$\frac{\partial L}{\partial \lambda} = T(X^A + X^B, Y) = 0 \tag{1-10}$$

由式（1-7）和式（1-8）可以得到：

$$\lambda = \frac{\partial W}{\partial U^A} \times \frac{\partial U^A}{\partial X^A} \times \frac{\partial X}{\partial T} = \frac{\partial W}{\partial U^B} \times \frac{\partial U^B}{\partial X^B} \times \frac{\partial X}{\partial T} \tag{1-11}$$

由式（1-9）可以得到：

$$\frac{\partial W}{\partial U^A} \times \frac{\partial U^A}{\partial Y} \times \frac{1}{\lambda} + \frac{\partial W}{\partial U^B} \times \frac{\partial U^B}{\partial Y} \times \frac{1}{\lambda} = \frac{\partial T}{\partial Y} \tag{1-12}$$

将式（1-11）代入式（1-12），得到：

$$\frac{\partial T}{\partial Y} = \frac{\frac{\partial W}{\partial U^A} \times \frac{\partial U^A}{\partial Y}}{\frac{\partial W}{\partial U^A} \times \frac{\partial U^A}{\partial X^A} \times \frac{\partial X}{\partial T}} + \frac{\frac{\partial W}{\partial U^B} \times \frac{\partial U^B}{\partial Y}}{\frac{\partial W}{\partial U^B} \times \frac{\partial U^B}{\partial X^B} \times \frac{\partial X}{\partial T}}$$

$$即 \frac{\frac{\partial T}{\partial Y}}{\frac{\partial T}{\partial X}} = \frac{\frac{\partial U^A}{\partial Y}}{\frac{\partial U^A}{\partial X^A}} + \frac{\frac{\partial U^B}{\partial Y}}{\frac{\partial U^B}{\partial X^B}} \tag{1-13}$$

将式（1-13）简单地表示为：

$$MRS_{YX}^A + MRS_{YX}^B = MRS_{YX} \tag{1-14}$$

式（1-14）表明，当公共产品的消费对于公共产品与私人产品间边际转换率等于所有人的边际替代率之和时，实现了公共产品的帕累托最优供给。

第四节 研究数据

一、二手统计数据

二手统计数据来自广西统计局和调查县市统计部门公布的统计年鉴，包括区各类统计年鉴、县市各类统计年鉴、县市政府年度报告，表1-2是本书研究使用的具体二手数据清单。

表1-2 二手资料清单

地区	经济统计年鉴	农村统计年鉴	农业统计年鉴
广西	2010~2014年	2010~2014年	2010~2014年
隆安县	2014年	2010~2014年	
马山县		2010~2014年	2014年
环江县		2010~2014年	2014年
靖西县		2010~2014年	2014年
东兰县	2014年	2010~2014年	2014年
平果县	2014年	2010~2014年	
天等县	2014年	2010~2014年	
三江县	2014年	2010~2014年	2014年
金秀县		2010~2014年	2014年
龙胜县		2010~2014年	2014年
乐业县		2010~2014年	2014年
那坡县		2010~2014年	2014年
德保县		2010~2014年	

二、实地调查数据

通过农业公共服务体系服务对象（农户）的实地调查，考察新型农业公共服务体系建设现状和对新型农业发展推动的作用。选择广西区内的主要乡镇负责农业生产的官员，选择上述乡镇下的行政村官员和典型农户，运用抽样调查方法，对新型农业公共服务以及农户收入水平进行调查。

在农户进行调查之前先进行县市和乡镇农业部门进行调查，调查采用面对面访谈和问卷调查两种形式收集数据。然后在上述调查基础上进行农户入户调查，调查以问卷调查为主面对面访谈为辅。

调查中，对农户紧迫性农业公共服务建设及优先序，主要采用了参与研究方法。首先根据地理位置、气候特征、农产品基地建设和农林牧总产值来选择典型的县市；然后分别选取农业发展现状较高、一般和较差选择不低于3个乡镇进行考察，主要内容包括县市政府和乡镇负责农业的官员、行政村官员和农户与新型农业公共服务体系建设相关的各种问题，找出约束新型农业公共服务体系建设的影响因素。对官员调查的调查内容包括农产品基地建设、农业信息化建设现状、农业技术推广网点、农业技术培训、农村金融机构、农户整体收入水平、农业生态现状、政府政策、政府财政投入、水利设施建设、农产品市场发育、农村公路建设、农资安全检查、工业污染等；对农户调查的内容包括农户家庭人口、学历、年龄、外出务工、技术培训、农业及其他收入、农业生产投入、农村贷款、消费、农机购买、财政补贴、农资安全疑虑等关系。此外，笔者还通过举办关于新型农业公共服务体系建设的各种学术会议进行讨论和相关问题与与会学者进行交流，以期完善研究内容、研究方法。

三、数据资料汇总

表1-3是实地调查资料的汇总情况，总体上满足统计和计量分析数据的要求；问卷入户调查农户785户，访谈农户130户，访谈官员101户。

表1-3 问卷调查样本农户区域与分布

调查县市	访谈官员	调查乡镇	访谈官员	农户问卷调查	农户面对面访谈
隆安县	4	雁江镇	1	31	3
		丁当镇	1	25	2
		都结镇	1	32	3
马山县	3	古零镇	2	18	2
		金钗镇	1	27	3
		永州镇	2	15	2
		古寨瑶族乡	1	10	3
环江县	4	思恩镇	2	35	4
		明伦镇	2	27	3
		驯乐苗族乡	1	18	3

续表

调查县市	访谈官员	调查乡镇	访谈官员	农户问卷调查	农户面对面访谈
靖西县	2	地州乡	1	7	3
		三盒乡	1	10	4
		大道乡	1	19	3
东兰县	3	三弄瑶族乡	1	31	3
		东兰镇	2	10	2
		长江乡	2	23	4
		切学乡	2	17	3
平果县	2	新安镇	3	42	5
		四塘镇	2	38	3
		海城乡	4	51	5
天等县	3	向都镇	2	15	3
		都康乡	1	19	2
		华隆乡	1	11	3
三江县	2	斗江镇	1	12	3
		城村乡	1	17	4
		八江乡	1	19	4
金秀县	2	金秀镇	2	10	3
		罗香乡	1	18	4
龙胜县	2	三门镇	2	10	3
		平等乡	3	14	4
		瓢里镇	1	18	4
乐业县	3	同乐镇	1	23	3
		甘田镇	1	21	4
		雅长乡	2	15	4
那坡县	3	城厢镇	3	11	3
		果仁乡	1	18	3
		永靖乡	2	20	3
德保县	3	龙光乡	2	11	4
		敬德镇	2	8	3
		隆桑镇	2	9	3
—	36	—	65	785	130

第二章 新型农业公共服务体系建设主体分析

第一节 新型农业公共服务体系建设主体合作思想

一、新型农业公共服务体系建设路径理论基础

(一) 耗散结构理论

1969 年布鲁塞尔学派的代表者普里戈金"理论物理学和生物学"的国际会议上提出耗散结构理论，该理论可概括为：一个远离平衡态的非线性的开放系统（不管是物理的、化学的、生物的乃至社会的、经济的系统）通过不断地与外界交换物质和能量，在系统内部某个参量的变化达到一定的阈值时，通过涨落，系统可能发生突变即非平衡相变，由原来的混沌无序状态转变为一种在时间上、空间上或功能上的有序状态。这种在远离平衡的非线性区形成的新的稳定的宏观有序结构，由于需要不断与外界交换物质或能量才能维持。

新型农业公共服务体系也具有耗散结构的特点。新型农业公共服务体系由七大供给子体系和目标子体系构成，其中供给子体系分别为农业制度与政策服务体系、农村金融服务体系、农业科技服务体系、农业市场服务体系、农业生产服务体系、农业发展服务体系和农业保障服务体系，目标子体系是广大农户。对于目标子体系，新型农业公共服务建设主体要源源不断地向农户提供能量流和物质流，即农业公共服务，如为农户提供信息、提供技术等产前、产中、产后各种必要服务，这样才能是目标子体系农户的农业生产和农业产业保持有序正常运作状态。对于新型农业建设主体，由于涉及新型农业公共服务建设的政府较多，如财政部门、农工商部门、电力部门、林业部门、交通部门等，各部门相互推诿，社

会主体对政府部门形成依赖，使得新型农业公共服务建设日趋复杂化。如果要让政府建设部门有序向新型农业公共服务体系输入能量流和物质流，政府部门必须依靠新型农业发展进程和农户所需，动态化修正涉农建设部门权责和义务，才能建设高效的新型农业公共服务体系。

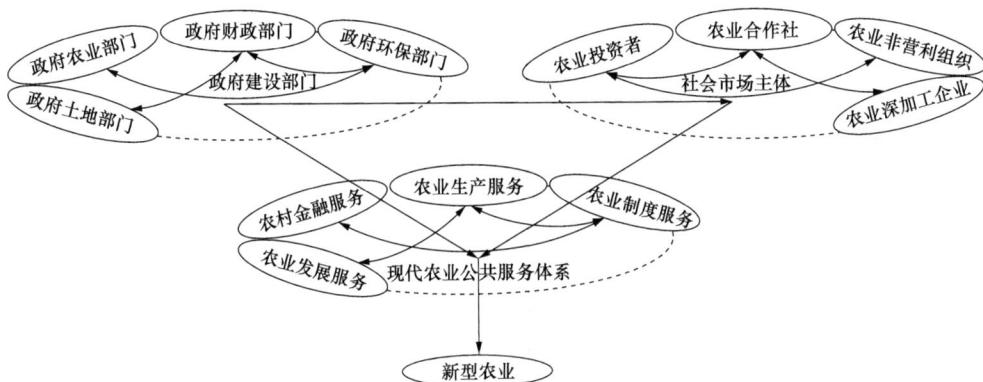

图 2-1 耗散理论下的新型农业公共服务体系能力流与物质流

（二）协同学理论

协同学是 20 世纪 70 年代初联邦德国理论物理学家哈肯创立的。协同学研究协同系统在外参量的驱动下和在子系统之间的相互作用下，以自组织的方式在宏观尺度上形成空间、时间或功能有序结构的条件、特点及其演化规律。协同系统的状态由一组状态参量来描述。这些状态参量随时间变化的快慢程度是不相同的。当系统逐渐接近于发生显著质变的临界点时，变化慢的状态参量的数目就会越来越少，有时甚至只有一个或少数几个。协同学的主要用演化方程来研究协同系统的各种非平衡定态和不稳定性（又称非平衡相变）。

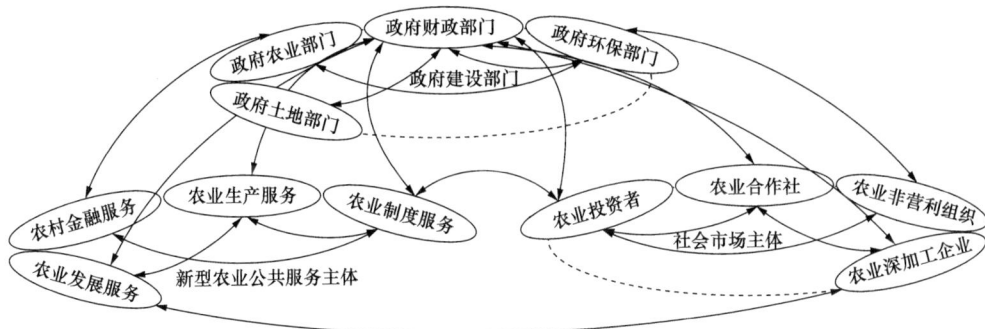

图 2-2 新型农业建设体系和新型农业公共服务体系的协同性

文献研究表明，新型农业公共服务建设是多部门合作建设过程，建设主体之间独立和合作对建设新型农业公共服务体系的建设效率具有至关重要的作用。

根据协同理论，新型农业公共服务体系是一个开放系统，该系统包含七个子系统，各子系统有序运行，且和其他子系统共同作用，形成合力服务于新型农业。同时，还必须和新型农业系统、政府和社会市场主体建设系统协同发展，否则超前或者之后建设的农业公共服务体系都无力于新型农业的发展，各层面系统必须相互作用，相互促进，相互引导，齐心协力，才能产生 1 + 1 > 2 的合力，共同促进新型农业发展。

二、新型农业公共服务体系建设主体协同思想

（一）新型农业公共服务建设与政府部门的"协同性"

目前，公共服务建设水平已经成为一国农业发展水平的标志，尤其对于以农业为主的发展中国家中国，高效的农业公共服务更是促进农业生产、发展农业经济的主要条件。为了提高新型农业公共服务的建设效率，政府逐渐淡出建设环节，采取招投标的方式将建设各环节委托给社会组织和市场主体来完成。除了社会组织建设农业公共服务不以盈利为目的外，其他市场主体的农业公共服务建设过程始终离不开政府的主导和监督，因此，政府仍然是主要的责任人。随着新型农业发展，除了提高农业公共服务的建设水平外，政府还应着手建立农户利益需求表达机制和完善农业公共服务监督机制。

（1）农户需求表达机制。农业税减免后，与其实施前最大的区别在于出现了农户抛荒现象和多起农户破坏水利设施事件。分析原因，政府和社会市场主体投资建设的部分农业公共服务设施成为地方政府的政绩工程，而对农户生产不仅没有促进作用，有些地方还影响了农户正常生产，引发了农户"用脚投票"；即农户公共需求与政府决策机制之间没有形成信息传递机制。此外，随着新型农业发展，农户公共服务需求存在动态化。如果政府按照"一厢情愿"来建设农业公共服务，不仅浪费财力，而且会阻碍新型农业发展。

建设农户需求表达机制应重视如下两层关系：一是建立农户参与农业公共服务体系建设决策机制，形成有效需求诉求机制；二是建立政府对农户需求敏感反应机制，使农户需求表达成为公共产品的关键环节。如此，新型农业公共服务体系建设的农户需求表达机制将会逐步形成一套完善的"自下而上"与"自上而下"相结合的决策机制。

（2）社会监督机制。农业公共服务建设资金来自于中央和区政府转移支付，县市政府按照资金用途采用招投标制委托社会市场主体，并明确责任和任务。而在财政资金转移中不免会出现地方政府挪用、克扣等现象，必须使广大农户对政

府和社会市场主体的农业公共服务建设进行监督。让人欣慰的是，政府已经着手实施该项工程了。如2004年《国务院关于投资体制改革的决定》中的第五项第一条规定："建立政府投资项目的社会监督机制，鼓励公众和新闻媒体对政府投资项目进行监督。"然而，当前农户仍无从获知农业公共服务项目计划和实施过程及进程，即农业公共服务项目的计划和实施过程有待进一步提高透明度。

（二）新型农业公共服务体系建设与市场主体的"协同性"

新型农业公共服务体系投资主体虽然是政府，但政府仅仅参与新型农业公共服务部分建设，大部分采用合同外包、特许经营和补助等制度安排委托市场主体。然而市场主体的目标是获利，为此市场主体可能采取偷工减料、压缩成本等不良行为。因此，建设新型农业公共服务体系必须从两方面与市场主体"协同"。一是要求从业组织拥有社会责任感，保质保量地完成政府委托的建设项目，并带动周围企业参与其中，壮大农业公共服务体系建设队伍。二是建立激励机制正确引导和监督。政府应制定行业经营规则和奖惩措施来引导和监督市场主体。对于参与新型农业公共服务体系建设大样本企业，政府给予一定的奖励机制，如减免税收、贷款贴息等；对于追求暴利而背离宗旨、放弃社会责任的企业给予严惩。

（三）新型农业公共服务体系建设与社会化组织的"协同性"

（1）新型农业公共服务体系建设与农业专业合作社的"协同性"。新型农业兴起对农业公共服务提出了新的要求，既有的农业公共服务无法满足新型农业发展，新建设的农业公共服务无法满足农户需求，在国家政策推动下，农户自发组成的农业专业合作社出现了，它们不仅解决了新型农业发展中农户遇到的生产困难，而且弥补了现有农业公共服务体系的部分缺陷。据调查资料显示，与2008年相比，2010年调查区域农业专业化社增加了20.17%。因此，基于农业专业合作社在建设新型农业公共服务体系的作用，应从如下三方面协同发展。一是提高农业专业合作社会员的素质。新型农业公共服务科技含量高，需要具备一定文化知识的人才。二是规范农业专业合作社内部管理。尽管农业专业合作社取得了发展，但大部分没有建立内部管理制度，管理松散，不稳定；需要政府建立相关制度加以引导和约束。三是形成政府引导的农业专业合作社责任体系。

（2）新型农业公共服务体系建设与非营利组织的协同性。我国非营利组织发展较晚，在众多环境污染事件、扶贫开发、社会服务等诸多领域，开始积极介入并发挥了重要作用。但是非营利组织的非正规化和资金用途的非公开化造成其对农业公共服务的建设效率低下，因此，政府应加强对非营利组织的监督，规范其行为和提高农业公共服务建设投入资金的透明度。在中国，非营利组织参与部分农业公共服务建设，贡献范围从金融互助到农产品销售。总体上看，这些非营利组织可分为三类：一是民办非企业单位。这类协会根据农户农业产前、产中、产后的服务要求，自发筹措资金，帮助农户解决生产中出现的问题。中国新型农业网是中国第一个农业非营利性组织官方网站，依靠强大的专家团队、政府支持、国内外资金支持，提供免费讲座（电话预约，将针对当地实际委派相关专家到场指导，开办讲座，讲座与指导不收取费用，全力服务中国"三农"建设）；另提供多项专业服务，如农业领域投资融资、农业规划、园区规划、项目策划、可行性报告研究、技术指导等。二是农业社会团体。截至2008年底，由农业部管理的全国性农业社团已达60家，涵盖种植业、农机、畜牧、农垦、乡镇企业、渔业等多个专业（系统）。2009年7月梁田庚指出，加强社团建设、发挥社团作用是强化公共服务的需要。三是农业基金会。1995年经中国人民银行批准，民政部注册登记成立的中华农业科教基金会。该基金会的宗旨是：通过广泛吸收国内外和社会各方面的资金，用以支持中国农业科教事业，补充国家主渠道对农业科技的投入，以加快实施"科教兴农"战略。因此，应该通过宣传和引导非营利组织的积极性，制定相关的优惠政策，如通过公益捐赠减免税、农民自发建设提供补助等方法，进一步引导和鼓励农业非营利组织参与新型农业公共服务建设。

第二节　新型农业公共服务体系建设主体博弈分析

一、建设合作主体界定

（一）政府

政府概念有狭义和广义两种解释。广义政府是指国家的立法机关、行政机关和司法机关等公共机关的总和，代表着社会公共权力；狭义政府是国家权力机关的执行机关，是国家政权机构中的行政机关，即一个国家政权体系中依法享有行政权力的组织体系；以强制手段（国家暴力）为后盾，以统治阶级的利益为服务目标，按照一定的原则和程序结成严密的系统，彼此之间各有分工，各司其职，各负其责，在公共领域发生作用；包括政治职能、经济职能、文化职能、社会公共服务职能。其中社会公共服务职能是指国家提供公共服务，完善社会管理的职能。这类事务一般具有社会公共性，无法完全由市场解决，应当由政府从全社会的角度加以引导、调节和管理。目前，政府的社会职能主要有：①调节社会分配和组织社会保障的职能；②保护生态环境和自然资源的职能；③促进社会化服务体系建立的职能；④提高人口质量，实行计划生育的职能①。

（二）社会化服务组织

社会化服务组织是指以社会需求为导向，不以盈利为目的，根据各种服务项目组建的非营利性组织。新型农业公共服务体系建设的社会化服务组织包括农业专业合作社、非营利组织和自愿提供的个人。

农业专业合作社在《中华人民共和国农民专业合作社法》在第一章总则第二条对农民专业合作社进行了简要的定义，包括两个方面的内容：一方面，从概念上规定合作社的定义，即"农民专业合作社是在农村家庭承包经营基础上，同类农产品的生产经营者或者同类农业生产经营服务的提供者、利用者，自愿联合、民主管理的互助性经济组织"；另一方面，从服务对象上规定了合作社的定义，即"农民专业合作社以其成员为主要服务对象，提供农业生产资料的购买，农产品的销售、加工、运输、贮藏以及与农业生产经营有关的技术、信息等服务"。自愿、自治和民治管理是合作社制度最基本的特征。合作社作为一种独特的经济组织形式，其内部制度与公司型企业相比有着本质区别。股份公司制度的本质特征是建立在企业利润基础上的资本联合，目的是追求利润的最大化，"资本量"的多寡直接决定盈余分配情况。在合作社内部，起决定作用的不是成员在合作社中的"股金"，而是"交易"。合作社的主要功能是为社员提供交易上所需的服务。合作社与社员的交易不以盈利为目的。合作社的盈余，除了一小部分留作公共积累外，大部分要根据社员与合作社发生的交易额的多少进行分配。实行按股分红与按交易额分红相结合，以按交易额分红为主，是合作社分配制度的基本特征。当然，合作社与其他经济主体的交易也是以盈利为目的的。

非营利组织是指不是以盈利为目的的组织，它的目标通常是支持或处理个人关心或者公众关注的议题或事件，其特征有：①该实体从捐赠者处获得大量的资源，但捐赠者并不因此而要求得到同等或成比例的资金回报；②该实体经营的目的不是为了获取利润；③该实体不存在营利组织中的所有者权益问题。在日常生活中，非营利组织的作用表现在：①社会服务。为社会成员提供中介服务和直接服务（如出国留学的咨询服务和各种养老院、民办学校）。②社会沟通。为政府与企业、政府与社会之间的沟通充当桥梁。一方面，向政府反映企业、社会的意见、建议，为政府提供信息；另一方面，协助政府作好宣传、指导、监督等方面的工作（如各种行业协会）。③社会评价。对生产、消费品作出公正的评价（如各种调查机构）。④社会裁断。调解社会成员之间的纠纷，如消费者权益保护协会。

---

① http：//baike. baidu. com/view/78407. htm.

（三）市场主体

市场主体是指在市场上从事经济活动，享有权利和承担义务的个人和组织体。具体来说，就是具有独立经济利益和资产，享有民事权利和承担民事责任的可从事市场交易活动的法人或自然人；包括投资者、经营者、劳动者以及消费者、企业。任何市场主体参与经济活动都带有明确的目的，以在满足社会需要中追求自身利益最大化为目标，具有盈利性、独立性、灵活性、关联性、平等性、合法性等特征。它们已经成为农村经济与社会发展进程中为农村公共服务提供资金资助的一支重要力量。

（四）政府和社会市场主体合作关系

在新型农业公共服务体系建设过程中，政府是投资方，社会市场主体是参与方。根据前文定义，政府有建设新型农业公共服务体系建设的责任和义务；然而，政府却不能直接参与新型农业公共服务体系建设，只能通过采取招投标制聘请社会市场主体来参与建设。图2-3展示了政府涉农部门和社会市场主体建设新型农业公共服务体系关系。

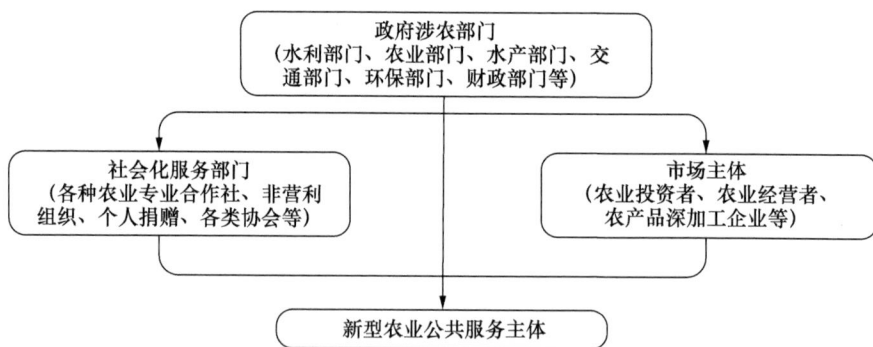

图2-3　政府与社会市场主体建设新型农业公共服务体系合作关系

二、博弈分析假设前提

新型农业公共服务体系建设涉及四方：政府、社会主体、市场主体和农户；四方建设目标有显著性差异。政府建设新型农业公共服务体系的目标是：推动新型农业跨越式发展，提高农户收益，社会福利最大化，政府政绩工程。新型农业公共服务体系建设中的社会主体由政府涉农事业部门转化而来，主要职能是为农户提供技术支持、农业生产咨询、农产品销售信息等，这种农业支持向农户收取一定的成本费用。市场主体是农业公共服务体系建设的参与主体，市场主体通过投标形式参与政府投资建设、公共服务建设，目标是在保证新型农业公共服务体系建设质量的同时获取市场利润，否则退出行业。农户是新型农业公共服务体系的受益主体，新型农业公共服务体系建设的直接目的就是服务新型农业，而新型农业发展的直接受益主体是农户，评价新型农业公共服务体系建设绩效的核心评价标准之一是农户农业收益。为此，本书采用三方完全信息和非完全信息博弈模型来探讨新型农业公共服务体系建设路径。

假设1：假设政府是理性投资主体。政府在经济管理中一直被假设为"有形之手"和社会"服务员"。市场机制在于提高资源使用和利用效率，然而市场机制无形之手无法触及的地方则表现为"市场失灵"，从公共管理理论来讲这是政府存在的原因。其实，我们完全可以换个角度来看，政府完全可以假设为市场投资主体。与社会主体、市场主体和农户的不同之处在于：政府作为投资主体，追求的利益和目标多元化——提高居民收入，提高社会福利水平，实现政府政绩工程等。

假设2：新型农业公共服务行业中仅存在三大相关主体，并假设组合为：政府、社会主体与农户，政府、市场主体和农户，社会主体、市场主体和农户。传统农业公共服务建设的最大缺点是无法让市场机制反映其价值，因此让政府、社会主体和市场主体的建设积极性不高。新型农业公共服务体系的价值融入新型农业生产中，实现了经济价值和社会价值，因此吸引四大涉农主体对其重视和关注。然而新型农业发展的不同阶段，政府始终是投资主体之一，社会和市场主体始终是参与主体，农户始终是享受主体。不同之处是政府与社会主体、市场主体的合作模式的创新；不同阶段，农户对新型农业公共服务需求存在差异。这需要政府动态化来引导社会和市场投资主体。

假设3：政府是新型农业公共服务体系建设的投资主体，社会主体和市场主体是参与主体，政府采取招投标方式决定"谁"参与，农户是新型农业公共服务的受益主体。市场主体决定参与新型农业公共服务建设的标准是：是否获得市场平均利润；农户是新型农业公共服务享受主体，但不是凡是政府建设的农户都会认同；农户如果没有从新型农业公共服务中受益而提高收入，农户会"用脚投票"；如仙桃、天门等地出现农户破坏水利设施的事件，原因是这些水利设施根本不能解决农户生产缺水的问题。

假设4：农户、市场主体或者社会主体以及政府三方之间相互拥有的信息不完全对称。Von Neumann 和 Morgentern 合作的《博弈论和经济行为》假设完全信息对称对于相关主体的决策具有决定性的影响。农户根据政府建设新型农业公共服务内容，做出生产决策；如广西建设农产品生产基地，农户可以根据该信息做出是否扩大农业生产的决策，对政府建设绩效做出评价；市场主体根据政府是否支持市场主体建设农业公共服务，做出投资决策；社会主体根据政府农业支持政策和农业公共服务建设内容，对农业提供何种服务，如何引导农户的生产决策。

假设5：社会主体和市场主体与农户决策顺序：首先，政府根据新型农业发展需要向社会发布新型农业公共服务体系建设清单和相关建设要求；其次，社会主体和市场主体根据预算分别计算建设成本和市场利润来决定是否参与建设项目投标；最后，建设的新型农业公共服务开始运作，农户根据生产需要和农业公共服务的质量决定是否接受服务。

假设6：涉农公共服务四大主体相互独立。如果四大相关主体非独立，政府、社会主体、市场主体和农户相互拥有农业公共服务建设相关信息，这是博弈模型由非完全性博弈模型退化为完全信息博弈模型。发达的农业市场的农业信息具有透明化特征，这是最理想的状态。然而，事实并非如此，正是因为相关主体之间信息的非完全性才导致了主体错误的决策。新型农业公共服务体系建设信息透明化需要时间，新型农业发展迫在眉睫，因此采用非完全性信息博弈模型分析主体之间的决策行为更加符合现实。

假设7：在模型中，A 代表政府，S 代表社会主体，M 代表市场主体，F 代表农户。A_1、A_2、A_3、A_4、A_5、A_6 分别表示政府在不同路径下的支付，F_1、F_2、F_3、F_4 分别表示农户在不同路径下的支付，K_1、K_2 表示中间服务组织服务好与服务差两种情况的支付，即从博弈中获得的效用水平，T_1、T_2 分别表示农户在中间服务组织服务好与服务差时的支付。

三、建设路径博弈分析

（一）政府和农户信息博弈

1. 完全信息博弈

由于完全信息条件下的动态博弈，采用逆向归纳法的逻辑逆向思维。逆向归纳法是博弈论中一个比较古老的概念，它的提出最早可以追溯到泽梅罗针对国际象棋有最优策略解的证明，后来人们将其推广到了更广泛的博弈中。逆向归纳法是求解动态博弈均衡的方法。所谓动态博弈是指博弈参与人的行动存在着先后次序，并且后行动的参与人能够观察到前面的行动。逆向归纳法在逻辑上是严密的，然而它存在着"困境"。所谓逆向归纳法是从动态博弈的最后一步往回推，以求解动态博弈的均衡结果。逆向归纳法又称逆推法。它是完全归纳推理，其推理是演绎的，即结论是必然的[①]。在图2-4中，A 是最终决策点，N 是次决策

[①] John Forbes Nash, Jr., 《博弈论经典/诺贝尔经济学奖获得者丛书》，韩松等译，北京：人民出版社，2013年11月。

点。假设 A 表示政府部门的最终收益，P 表示政府部门发展农业公共服务获得全部收益，包括发展农业公共服务的年终奖励、农户评价、政治利益等正的外部性。Ys 表示政府建设新型农业公共服务时政策支持、监督和管理等方面全部收益，Yd 表示政府不支持新型农业公共服务时获得全部收益，C 表示政府部门建设新型农业公共服务时支付的全部成本，包括招投标成本、管理成本、组织成本、原材成本等。根据上述建设，政府部门的最终收益 A = P − C。假设 Ys = Yd，由于政府部门为提高新型农业公共服务的建设水平和使用效率，支付了更多的成本，即 Cs > Cd，此时政府部门获得最终收益 Ys < Yd，政府部门将会放弃新型农业公共服务体系建设。除非政府部门认为此时建设新型农业公共服务体系会带来额外收益 P′即政府机构可得到额外的政绩、认可和满足感等，Ys = Yd + P′。只有 Ys − Cs > Yd − Cd，政府部门才有更高的积极性建设新型农业公共服务体系。逆向归纳收益如表 2 − 1 所示。根据表 2 − 1，农户是否接受政府部门建设新型农业公共服务取决于支付的成本和获取的收益。

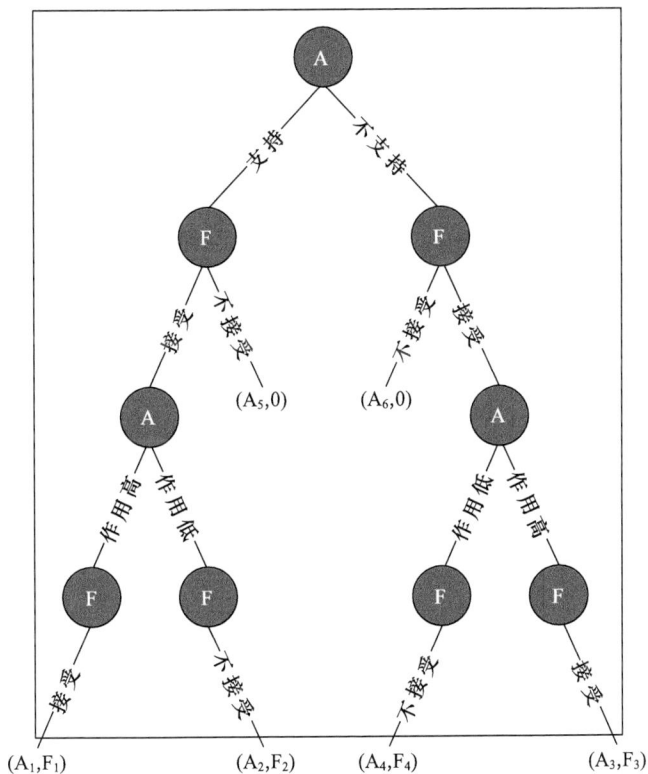

图 2 − 4　政府与农户完全信息博弈树

表 2 - 1　政府与农户博弈结果

政府部门最后的收益条件	步骤	具体内容	纳什均衡
Ys - Cs < Yd - Cd	3	政府建设新型农业公共服务之后的收益小于建设之前的收益，所以政府放弃建设新型农业公共服务	政府部门放弃建设新型农业公共服务，农户不支持政府建设决策，支付（0，0）
Ys = Yd	2	农户知道政府建设新型农业公共服务不满足生产需要，所以放弃支持政府建设农业公共服务的决策	
Cs < Cd	1	政府知道农户不支持新型农业公共服务建设决策，所以放弃新型农业公共服务建设	
Ys - Cs > Yd - Cd	3	政府建设新型农业公共服务之后的收益大于建设之前的收益，所以政府选择建设新型农业公共服务	政府部门建设新型农业公共服务，农户支持政府建设决策，支付（A，P）
Ys = Yd + P′	2	农户知道政府建设新型农业公共服务有利于农业生产，所以支持政府建设农业公共服务的决策	
Cs > Cd	1	政府知道农户支持新型农业公共服务建设决策，所以建设新型农业公共服务	
Ys - Cs = Yd - Cd	3	政府建设新型农业公共服务之后的收益等于建设之前的收益，所以政府随机选择建设新型农业公共服务	政府部门放弃（或支持）建设新型农业公共服务，农户不支持（或支持）政府建设决策，支付（0，0）（或（A，P））
Ys = Yd	2	农户根据政府第三阶段的选择做出选择	
Cs = Cd	1	政府部门视农户选择而做出相应的选择	

第一种情况，如果农户认为政府部门收益为 Ys < Yd，农户将不会支持政府的农业公共服务建设决策，政府部门也将根据此放弃建设新型农业公共服务，此时纳什均衡解为（0，0），新型农业公共服务无法持续发展。

第二种情况，如果农户认为政府部门的收益为 Ys > Yd，则农户支撑政府的农业公共服务建设决策，政府部门将根据农户需求逐渐建设完善农业公共服务，此时纳什均衡解（A₁，F₁），农业公共服务可以持续发展。

第三种情况，农户认为政府部门的收益为 Ys = Yd，则农户与政府对政府是否建设新型农业公共服务态度是随机的，此时均衡解为（0，0）或者（A₁，F₁），农业公共服务建设具有很大的不稳定性。

2. 不完全信息博弈

根据假设，不完全信息条件下，农户支持政府建设新型农业公共服务体系和政府根据农户需求建设新型农业公共服务体系的决策有先后顺序。根据图 2 - 5，双方的决策分为四个阶段：第一阶段，政府先采取行动，选择是否支持发展新型农业公共服务；第二阶段，政府部门决策后，农户做出支持或者不支持政府建设决策；第三阶段，由市场机制判定政府部门建设新型农业公共服务的效率高低；第四阶段，农户在观察政府建设新型农业公共服务带来的效益情况之后，修正过去的选择。

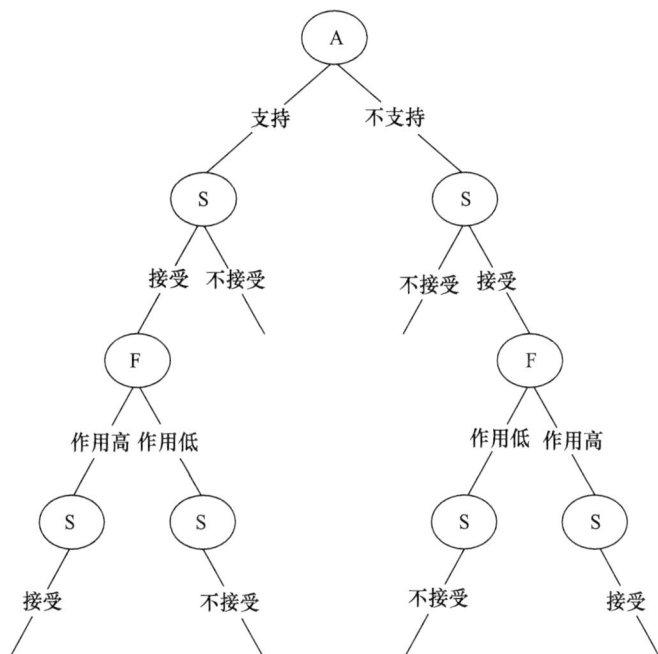

图 2-5　政府与农户非完全信息博弈树

将如上路径以表 2-2 反映如下。

表 2-2　政府部门和农业博弈结果

途径	政府部门	农户态度	有效与否	持续采用
1	否	否	—	—
2	否	是	否	否
3	否	是	是	是
4	是	否	—	—
5	是	是	否	否
6	是	是	是	是

路径 1：政府部门放弃建设新型农业公共服务的决策，农户做出反对政府部门建设新型农业公共服务的决策，则新型农业公共服务不能持续发展。

路径 2：政府部门放弃建设新型农业公共服务，然而农业却有需求，之后由市场机制选择判断服务无效，农户第二次做出反对政府建设新型农业公共服务的决策，新型农业公共服务不能持续发展。

路径 3：政府部门放弃建设新型农业公共服务，然而农业却有需求，之后由市场选择判断服务有效，农户第二次做出支持政府建设新型农业公共服务的决策，新型农业公共服务能持续发展。

路径 4：公共服务机构做出建设新型农业公共服务决策，农户做出反对政府部门建设新型农业公共服务决策，则新型农业公共服务不能持续发展。

路径 5：公共服务机构做出建设新型农业公共服务决策，农户做出支持政府部门建设新型农业公共服务决策，之后由市场机制选择判断服务无效，农户第二次做出反对政府建设新型农业公共服务的决策，新型农业公共服务不能持续发展。

路径 6：公共服务机构做出建设新型农业公共服务决策，农户做出支持政府部门建设新型农业公共服务决策，之后由市场机制选择判断服务有效，农户第二次支持政府建设新型农业公共服务的决策，新型农业公共服务持续发展。

分析表明，在以上 6 种博弈路径中，农户在路径 1 和路径 4 中做出反对决策，新型农业公共服务因缺少农户参与而不能持续发展；在路径 2 和路径 5 中，农户做出支持决策，但由于市场机制判断服务无效，农户二次做出反对决策，所以新型农业公共服务也无法持续；在路径 3 和路径 6 中，农户做出支持决策，市场机制判断服务有效，则农户选择持续利用，新型农业公共服务可以获得持续发展。

（二）中间服务组织①和农户信息博弈

1. 完全信息博弈

根据图 2 - 6 中的政府与中间服务组织完全信息博弈树，采用逆向归纳法得出该博弈路径，如表 2 - 3 所示。在完全信息条件下，新型农业公共服务的发展取决于农户对于中间服务组织的收益判断。如果农户认为 $K_1 > K_2$，农户坚信中间服务组织会提供优质服务利于自身发展，因此做出支持中间服务组织的决策，从而促进新型农业公共服务的长期发展；如果农户认为 $K_1 < K_2$，则农户认为中间服务组织为了降低成本而不会提供优质服务，因此做出反对中间服务组织的决策，新型农业公共服务也无法持续下去；如果农户认为 $K_1 = K_2$，那么农户是否接受服务就具有很大的随机性，新型农业公共服务的发展也存在不稳定性。

---

① 中间组织是指社会组织和市场组织两类组织。

表 2 - 3　政府与中间组织不完全信息博弈路径

中间服务组织最终收益	中间服务组织的选择	农户选择	均衡收益
$K_1 > K_2$	提供好的服务	接受	(M_1, P_1)
$K_1 < K_2$	提供差的服务	不接受	$(0, 0)$
$K_1 = K_2$	随机选择	视前者选择而定	不确定

2. 不完全信息博弈

根据图 2 - 6 政府与中间组织不完全信息博弈树分析。首先，农户选择是否接受中间服务组织所提供的服务，如果农户对其感到不信任而做出反对决策，那么新型农业公共服务不能持续发展；如果农户信任中间服务组织，在一开始选择了接受服务，但通过实践判断，服务效果并不理想，则农户在下一次选择中会做出反对决策，这样，新型农业公共服务也无法发展；只有农户做出支持决策，同时服务本身又使农户满意，这样新型农业公共服务的持续发展才会实现。

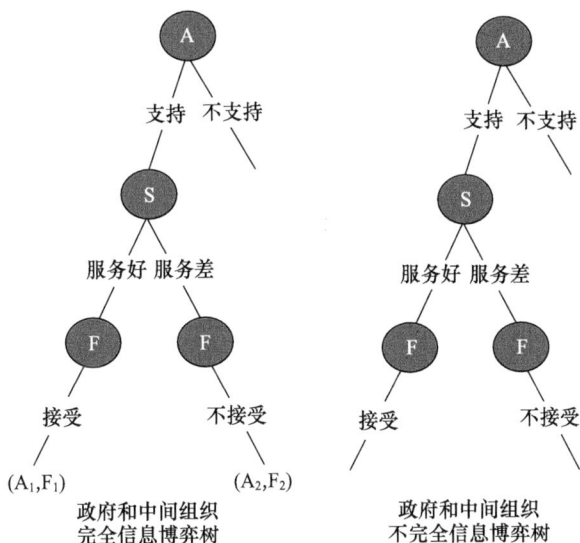

图 2 - 6　政府与中间服务组织博弈树

第三节　新型农业公共服务体系建设模式

在新型农业公共服务体系建设中，政府、社会主体和市场主体可以各自发挥优势协同建设。政府可以强化全社会凝聚力，在资金渠道、法制建设、农户保障服务建设的高效、公平和持续性方面具有权威，社会组织延伸政府涉农部门的相关义务，完成市场主体和政府部门完成的微利或者公益性的服务建设；市场服务主体在新型农业公共服务建设效率、技术推广可以和农户协同，如图 2 - 7所示。

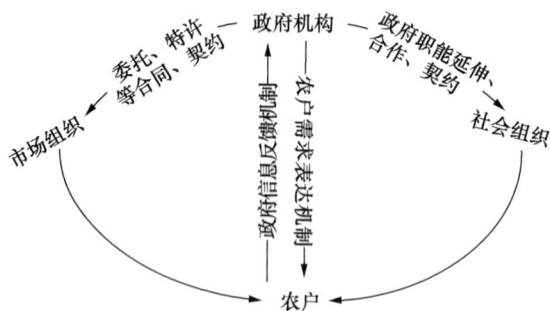

图 2 - 7　政府和中间服务组织的协同

一、政府主导，社会市场参与型

新型农业公共服务建设资金来源于中央和地方政府财政资金，如农业科技研发与推广、信息化建设、农村金融体系建设等项目，经济效益小，社会效益大，且具有正面溢出效应，投资者短期内不可能收回投资。此外，新型农业公共服务项目建设周期长，风险大，也让投资者望而却步。因而导致市场主体缺乏兴趣，然而这又是新型农业发展所必需的，所以政府必须成为新型农业公共服务建设项目的投资主体。现有财政体制实行政府负责、分级管理，县级政府难以保证财力，新型农业公共服务体系建设资金主要依靠中央和省两级政府投资完成；但政府并不是所有农业服务的建设者。农民保障体系、农业发展服务体系、农村合作医疗等政府可以独自建设完成，而农业水利设施、农田整理、农村交通道路等必须按照市场规律委托给社会市场主体承建。只有由市场主体来承建，才能保证质量和效率。

二、政府引导，社会组织建设型

非营利组织逐渐成为新型农业公共服务体系建设主体。如乡村公路的修建、农资代购、农产品销售等。非营利组织联系市场主体，组织市场主体募捐筹资兴建农业公共服务组织。如乡村公路的修建。乡村公路按照国家建设的补贴标准，每公里乡村公路的资金缺口是 45000 元，村组织通过与村里成功人士联络募集资金来解决资金缺口①。农业合作社成为农产品销售的主力军,农产品合作社以市场主体与超市、农产品对接超市、农产品批发市场建立业务联系。非营利组织的兴起弥补了政府有心无力和市场有力无心的农业公共服务建设。

三、政府引导,社会市场建设型

政府建设新型农业公共服务体系的财政资金有限,如农资、信息化普及等;因此,让具备一定资质的市场主体投资建设农业公共服务。然而,按照市场规律市场主体必须获取一定的利润,项目才具有可行性;否则市场主体将远离该行业。对于一些"俱乐部"性质的公共服务,如公共文化图书馆、小型农田水利建设、农资供应和农产品销售及一些相关的生产、销售信息,这些服务由于其本身部分的非公共性质和小规模化建设的可操作性,政府可以通过拍卖、租赁、承包等方式吸引民间资金投入公共服务建设。

四、政府、社会市场主体共建型

政府、社会主体和市场主体在建设新型农业公共服务体系过程中,均有自身缺点和优点。政府本是新型农业公共服务投资和建设主体,但是政府财力有限。在农地平整、农业生产设施等方面,政府只能是投资主体,建设必须依赖市场主体;在农民保障服务、农业制度服务建设等方面政府扮演双重角色。市场主体财力雄厚,但以获利为主。社会主体参与政府有心无力和市场有力无心的农业公共服务建设。因此,在新型农业公共服务体系建设过程中,政府、社会市场主体应该扬长避短,发挥自身优势,形成合力,建设高质量高效率的新型农业公共服务体系。

综上所述,这种分类组织和管理模式,既增加了在公共服务方面的资源投入,保证了社会公正和政府责任的实现,同时也避免了政府直接组织公共服务的生产和提供而带来的效率低下问题。在新型农业公共服务体系建设过程中,政府应扮演三重角色,即在政府政策的引导下,政府、社会市场主体共同投资和建设新型农业公共服务体系;政府应努力寻求政府、市场与社会新型农业公共服务体系建设过程中的均衡点,形成优势互补的多元建设体系。

---

① 余培发,《乡村公路修管力度的问题及对策分析》,《知识经济》,2014年,第11期。

第三章　新型农业公共服务体系
建设现状考察

第一节　新型农业发展基本现状

建设新型农业，是实现农业现代化必经阶段，是党和国家提高农户收入水平的重要措施。近几十年来，在多级政府的重视下，广西新型农业取得了阶段成就。在"十二五"收官之年，以广西新型农业发展现状作为新型农业公共服务体系建设研究的开端，对于分析新型农业公共服务体系建设中存在问题，提高新型农业公共服务体系建设水平，具有重要的意义。

一、新型农业发展现状

（一）优化农业经济结构，农业产业水平高速提升

近 10 年来，农业结构战略性调整深入，广西农业经济结构和产业水平发生了显著变化。

农业内部结构逐渐得到调整优化。2014 年广西种植业增加值 720 亿元，占第一产业 GDP 的 50.6%，比 2010 年下降了 9.2 个百分点，平均每年下降近 1 个百分点，而林牧渔业增加值达到 703 亿元，占第一产业 GDP 的 49.4%，比 2010 年上升了 9.2 个百分点。2014 年粮食作物的总产值比重为 36.0%，比 2010 年下降了 13.3 个百分点，而经济作物的比重由 2010 年的 50.7% 上升到 2014 年的 64.0%；畜牧业总产值比重为 69.4%，比 2010 年下降了 1 个百分点；渔业总产值比重为 75.6%，比 2010 年下降了 7.5 个百分点，而虾、蟹、龟、鳖、蛙、贝等高价值水产品比重不断上升。

农产品质量得到了质的提升。2014 年广西粮食良种面积占粮食总播种面积

的比重达到 90%，油料良种面积的比重达到 95%，分别比 2010 年上升了 5 个和 10 个百分点；猪出栏占生猪出栏的比重达到 62%，比 2010 年上升了 27 个百分点；名特优水产品比重达到 55%，比 2010 年上升了 10 个百分点。在 2010 年中国—东盟农业博览会上，广西有 75 个农产品获名牌称号，居全国第 5 位。

（二）提升财政支持力度，农业基础设施得到提高

2003～2014 年中央出台了 11 个中央一号文件，从税费改革、新农村、新型农业、农业补贴、农产品基地等各方面支持农业基础设施建设；2011 年中央出台了关于支持农业水利设施的中央一号文件。据对全区大型水库和中型水库统计，2010～2014 年蓄水量增加了 100 多亿立方米。目前全区已建成水库近 6000 座，总库容近 600 亿立方米。万亩以上灌区近 350 处，灌溉面积 2000 多千公顷。堤防长度 13000 公里，保护耕地 1800 千公顷，保护人口近 3000 万人。排灌机械拥有量达到 350 万千瓦，固定机电排灌近 20000 处。2014 年全区有效灌溉面积达到 2095.43 千公顷，旱涝保收面积达到 1784.04 千公顷，机电排灌面积达到 1315.44 千公顷，分别占常用耕地面积的 65%、55% 和 41%。

（三）推动农地集中经营，农业管理方式不断进步

新型农业生产效益之所以得到提高，核心是农地规模化、基础设施现代化和农业产业化。2006 年全区规模经营的耕地为 110 千公顷、园地 73 千公顷、林地达到 1230 千公顷、牧草地 4 千公顷、养殖水面 262 千公顷。各类设施完善的温室大棚面积近 30 万亩，播种面积达 100 多万亩。各类农业产业化经营组织达上万个，具有一定规模的产业化龙头企业达 3000 多个，比推进产业化前增加了近 1 倍；其中区级以上重点龙头企业已达到 179 家，国家级重点龙头企业 22 家，国家级龙头企业总数居全国第 10 位。区级重点龙头企业年销售收入近 300 亿元。全区有 300 多万农户和产业化组织签订了农产品销售合同。

（四）创新科技推广模式，农业科技应用不断普及

2015 年广西农业机械总动力拥有量为 2551.08 万千瓦，比 2010 年增长了 1 倍。其中大中小型拖拉机 83.41 万台，比 2010 年增加 2.3 倍；大中小型拖拉机配套农具 162.04 万套，比 2000 年增加 3.9 倍①。

通过实施农业的优质工程、种子工程、沃土工程、丰收计划等项目，全区推广应用了 500 多项实用新技术、新成果、优新品种，高效种植模式、病虫综合防治、配方施肥、生物农药、生物肥料、无公害农产品生产、设施种养技术应用范围不断扩大，畜禽鱼疫病死亡率不断下降。2010 年全区早稻保温育秧面积达到 186.76 千公顷，占早稻面积的 51%，水稻旱育秧面积达到 347.41 千公顷，占水

---

① 2010～2014 年《广西农业统计年鉴》、《广西农村统计年鉴》和《广西贫困统计报告》。

稻面积的 20%，农作物微机优化模式栽培面积达到 202.81 千公顷，占农作物总面积的 3%，配方施肥面积达到 4082.16 千公顷，占农作物总面积的 55%，化学调控面积达到 2469.44 千公顷，占农作物总面积的 33%，种子包衣面积达到 863.15 千公顷，占总面积的 12%。目前全区有各类农业技术承包人员 4 万多人，农业科技示范户达 30 多万户。据测算，全区农业科技进步贡献率已由"八五"初期的 39% 提高到目前的 46%。农业科技推广为农业和农村经济发展起到了重要的支撑作用。

（五）完善农业各类服务，农业综合效益不断提升

广西全面推进农业社会化服务体系建设。一个以公益性农业技术综合服务、农产品供求信息服务、优质种苗育繁推广服务、农产品质量检测服务、农产品加工销售服务和农业支撑与保护等为主体，适合新型农业发展的农业服务体系逐步建立，开始服务于广西农业农村经济发展。

目前广西主要有委托服务制、定岗招聘服务制和部门派出制三种模式，2014 年公益性农业服务人员 2 万多人，各地用于公益性农业服务资金达 3 亿元；91.3% 的县（市）和 61.3% 的乡镇建立了农产品市场信息服务机构，农村信息员达到 14290 人；有 2894 个农业产业化龙头企业、10607 个农村合作及中间组织、19368 户农业生产经营大户、10.58 万农村经纪人通过各种有效形式定期得到农产品市场信息服务；各类农产品质检机构 100 家，每年接受社会委托检验样品 3000 多份，承担送检样品近 10000 份，开展果蔬、茶叶中农药残留快速检测 10 多万份；与农民建立一定利益联结关系的各类农产品加工销售组织 2 万多个，固定资产总额达 500 亿元，带动农户 500 多万户。仅 2014 年，区政府就在设立总投资额 9765 万元涉农基建项目 34 个的同时，又从农业财政专项补助中安排财政补助资金 32719 万元，支持农业的发展；农业综合执法体系逐步建立，2013 年全区 98% 的县市、50% 的市州都成立了农业综合执法机构。

农业各类服务完善使得农业综合效应不断提升。2014 年广西种植业亩产值 2428 元，比 2010 年的 1446 元提高了 982 元，每个农林牧渔业劳动力创造的第一产业增加值达到 13249 元，比 2010 年提高了 6935 元。

（六）提高环境建设水平，遏制农业生态恶化势头

广西新型农业逐渐走上了科学协调可持续的发展道路，农业生态恶化势头得到遏制。2010 年广西耕地总资源达到 38000 多千公顷，连续 3 年保持增长。2010～2014 年，广西累计造林 1000 多千公顷，森林覆盖率达到 31%，年均提高 1 个百分点；水土流失治理面积达到 4000 多千公顷，遏制了水土流失。

目前邕江水质明显改善，达到功能区划要求的断面超过 95%。湖泊水质也有较大改善，符合功能区划要求的湖泊比 2010 年前提高了近 30%。

二、新型农业现状分析

（一）新型农业局限认识约束了农业多功能性发挥

绿色和有机农产品逐渐占据市场主流，农产品供给和需求实现了双向平衡；关键是农户还停留在维持人类生存和提供工业原料的传统认识上，这归根结底是思想保守。从食品保障和健康安全看，进入无公害、绿色和有机农业发展迅速，但农业面源污染和采用添加剂的有害养殖势头还没有得到遏止。传统农业生产县市大力发展工业经济，仍未看到农业资源市场优势，工业"三废"对农业的侵害仍在继续。农家乐等城市边缘的休闲农业因消费者偏爱发展迅速，但总体规模小，标准不高，形成规模产业尚待时日。国际粮食安全危机再起和中国人口大国，广西生态能源开发处于启蒙阶段，开发深度和产业规划尚未纳入政府战略规划范畴。广西是农业大省，农业收入占农户收入的61%，让农业功能价值化是增加农户收入的重要措施。

（二）市场主体分散经营约束了农业规模经营扩大

新型农业发展的基础是规模化，而土地规模化是农业规划化经营的必要条件之一。2014年广西人均耕地面积仅为0.46亩，比全国平均水平低20%，农村人均耕地也只有0.63亩，比全国平均水平低18%。在家庭联产承包经营的主体制度下，小而全的农户经营模式仍是农业的主导，虽然农村劳动力的大量转移为规模经营提供了前提，中央政府也制订了相关政策推动农地集中化经营，但农地集中经营以农户自愿为基础和兼有保障功能，使农地流动的市场机制尚未形成。从农户生产方式看，尽管农业机械化得到大面积推广，但农户生产方式仍然延续了传统方式，生产效率得到了一定程度提高，但是与欧美发达国家相差甚远。

（三）农产品深加工滞后约束了农业产业水平提升

与其他省份相比，广西农产品深加工存在如下问题：一是农产品加工利用程度低下。目前广西农产品加工业产值与农业总产值的比例0.7∶1，沿海省份这一比例1∶1；广西农产品加工率40%，沿海省份达到55%；广西农产品精深加工比例20%，发达地区为50%。二是农产品加工出口创汇能力薄弱。目前广西规模以上农产品加工企业出口交货值不到全国的1%，居全国第12位，农产品加工业经济外向度不到5%，比全国平均水平低近14个百分点，居全国第21位。

农产品加工业发展的滞后造成农业产业化水平不高。2014年广西农业产业化龙头企业没有一家年销售收入超过10亿元，超过5亿元的也只有2家，河南、安徽、江西、湖南、四川、重庆均有过10亿元的大型龙头企业。广西22家国家重点龙头企业年总销售收入为70亿元，利税总额4亿元，河南双汇2004年销售收入160亿元，利税12亿元。2014年广西农产品出口创汇过1000万美元的企业仅有 4 家，浙江农产品出口创汇过 1000 万美元的企业有 67 家。

（四）产业布局分布不合理约束了农业潜力的发挥

广西农林牧渔产业结构和产品布局不尽合理约束了农业潜力的发挥。一是广西农业始终以传统种植业为主。尽管种植业总产值增加值存在下降趋势，但总产值一直较高；耕地面积持续萎缩，耕地仍然是农业发展的载体，发展传统农业显然不能让其可持续性发展。然而，广西畜牧业比重不仅低于全国，而且低于中部其他省份。尽管广西是沿海省份，具有优势的渔业比重也仅仅比全国高 3.5 个百分点。二是优势产品的布局不合理。广西农业产品优势排序为柑橘、蔬菜、海水产品、生猪、水稻和玉米。

（五）科技体制不尽完善约束了农业科技成果转化

一是高效的农业科研与成果使用的对接机制尚未形成，造成农业科研转化率低下，一方面使很多成果多年束之高阁，另一方面在优势领域又出现空白。比如，广西是全国重要的海水养殖基地，海水产品产量连续 13 年全国第一。然而，这一领域内却没有出现与之相匹配的科技成果，导致了海水产品产业附加值和效益低。研究和运用利益机制的不完善，其成果为外省所用，而本区并未"近水楼台先得月"。二是尚未完善农村基层技术推广网点建设。三是青壮年高素质农民大量外出务工，使得技术推广失去知识支撑。

（六）农产品品牌意识薄弱约束了农产品市场竞争

广西农产品的著名品牌数量不少，排在全国前几位；但真正市场占有份额大，家喻户晓的驰名品牌却微乎其微，部分学者认为原因可归咎于农产品名牌宣传不够。在各种新闻媒体的广告宣传中，很少看到广西农产品精品名牌的身影。目前在中央电视台中很少看到广西农产品，而河南、山东、内蒙古、湖南、安徽等省份农产品如雨后春笋纷纷闪现。广西很多优势农产品被"藏在深闺无人知"。

第二节　农业制度服务建设现状

一、农业生产制度服务建设

当前政府把农产品安全生产当作工作重点来抓，广西农产品安全生产制度建设由两部分构成：中央层面法律法规和区政府规范条例。中央政府制订了包含食品安全条例、农产品质量安全法、食品安全监督管理规定、农产品质量安全市场准入制度等几十种法律法规。广西政府制订了实施农产品质量安全的办法、农业抗灾夺丰收的工作意见、自然资源综合管理条例等十几项法规条例。此外，动植物检验检疫制度也是政府重点建设内容；其中，中央政府建设为主，地方政府执行为主。国家层面动植物检验检疫制度包含病虫害的防治、农药生产标准和使用、农产品进出口检验标准等，广西以中央制定的法律法规为依据，将各种农产品的检验检疫制度进一步细分，如《广西食用菌菌种管理办法》和《广西动物防疫条例》。农产品是国民生产之根本，而农产品安全生产是国民健康之根本。在法律、法规和相关制度的约束下，广西农产品质量得到了提升，农业生态环境逐渐开始恢复和改善，为广西农业的可持续发展奠定了基础。

表3-1　国家和广西农业生产制度建设现状

序号	国家层面法律制度		区政府制度建设
1	中华人民共和国食品安全实施条例	畜禽新品种配套系审定和畜禽遗传资源鉴定办法	广西实施《农产品质量安全法》办法
2	中华人民共和国农产品质量安全法	食用菌菌种管理办法	广西自然资源综合管理条例
3	中华人民共和国种子法	中华人民共和国海洋渔业船员发证规定	广西农业机械安全监督管理条例
4	中华人民共和国农业法	草种管理办法	广西农业管理条例
5	国务院关于加强食品等产品安全监督管理的特别规定	农作物种子质量监督抽查管理办法	广西食用菌菌种管理办法
6	关于进一步加强和完善农业生产责任制的几个问题	动物源性饲料产品安全卫生管理办法	广西动物防疫条例
7	农业部关于全面加强农业执法扎实推进综合执法的意见	水产养殖质量安全管理规定	广西水产苗种管理办法
8	农业部2009年农村劳动力转移就业工作要点	农作物种子质量纠纷田间现场鉴定办法	广西农业机械化促进条例
9	中华人民共和国植物新品种保护条例实施细则	农药限制使用管理规定	广西实施《中华人民共和国种子法》办法
10	无规定动物疫病区评估管理办法	无公害农产品管理办法	广西实施《中华人民共和国动物防疫法》办法

序号	国家层面法律制度		区政府制度建设
11	优良种畜登记规则	水产苗种管理办法	广西林地管理条例
12	畜禽标志和养殖档案管理办法	"绿色证书"制度管理办法	广西蔬菜基地管理办法（修正）
13	蚕种管理办法	进出口农作物种子（苗）管理暂行办法	恩施土家族苗族自治州经济林木管理条例

二、土地农田制度服务建设

从抗日战争开始到新中国成立再到改革开放，各级政府始终把制定土地相关政策当作一项基本事项来抓。1978 年十一届三中全会召开，家庭联产承包责任制建立使得农业生产力获得了进一步提升，农民生产积极性达到了空前释放。进入 21 世纪，经济社会发展推动政府加大土地制度建设力度。目前，国家基本完善了土地制度的建设，土地管理法、土地承包法、农村土地承包经营权流转管理办法、进一步稳定和完善农村土地承包关系的通知、农田保护制度、土地管理法实施条例，等等。地方政府制定相关政策以配合中央土地管理法律法规的执行。如广西制定的《广西土地管理实施办法》、《完善农村土地二轮延包若干意见》、《广西土地违法行为报告暂行办法》。在土地法律法规等制度保证下，广西农地流转规模日益扩大，呈现多元化发展，为农业机械化普及提供了平台和新型农业深度发展扫平了障碍。

表 3-2 国家和广西土地农田制度建设现状

编号	国家层面制度建设	区层面制度建设
1	中华人民共和国土地管理法	广西土地违法行为报告暂行办法
2	中华人民共和国耕地占用税暂行条例	广西农民集体所有建设用地使用权流转管理试行办法
3	中华人民共和国土地管理法实施条例	广西蔬菜基地建设保护办法
4	中华人民共和国耕地占用税条例	广西人民政府关于进一步加强耕地占用税征管的通知
5	中华人民共和国土地承包法	广西人民政府关于开展农村土地整理工作的通知
6	农村土地承包经营权流转管理办法	广西土地复垦实施办法
7	国务院办公厅转发劳动保障部关于做好被征地农民就业培训和社会保障	广西地质环境管理条例

编号	国家层面制度建设	区层面制度建设
8	国务院关于坚决制止占用基本农田进行植树等行为的紧急通知	广西土地管理实施办法
9	国务院办公厅关于加强土地转让管理严禁炒卖土地的通知	广西国土资源厅关于加强临时用地管理的通知
10	国务院关于深化改革严格土地管理的决定	广西国土资源监督检查条例
11	关于加强土地管理、制止乱占耕地的通知	广西蔬菜基地管理办法
12	村庄和集镇规划建设管理条例	
13	基本农田保护条例	广西乡镇集体矿山企业和个体采矿管理办法
14	土地复垦规定	
15	农业部关于依法保护国有农场土地合法权益意见的通知	中共广西区委办公厅、广西人民政府办公厅关于依法完善农村土地二轮延包工作若干具体政策性问题的补充意见
16	关于进一步加强土地管理切实保护耕地的通知	

三、农业市场制度服务建设

　　农业市场制度是农业市场快速发育的保证。农业市场制度包含农产品市场监察制度、农业市场发育制度、农村金融制度和农产品价格制度四类。随着新型农业发展，农业产业链逐渐延伸，农业生产产前、产中和产后行业逐渐细化。为了规范农产品加工业、物流业、农资供应、农业合作社等市场元素之间的交易，保证农民利益，提高农民收入水平；中央政府建立了农产品原产地、绿色、有机和无公害认证制度，进一步规范了与农民合作的农业龙头企业的交易行为和收入分配机制，建立和健全了农业合作社制度，完善了农业产业化的支持制度，等等。身为中部农业大省的广西除了高效执行国家农业市场制度外，也出台了与之配套的相关政策，如《广西蜂业产品管理办法》、《广西农业投资条例》、《农业生产资料市场监督管理办法》。农村金融制度的改革创新是新型农业发展的助推器。近年来，政府逐渐加大了农村金融市场改革力度，农村村镇银行、农业合作银行、农村商业银行、农村小额贷款公司等一大批金融机构如雨后春笋般地出现，且农村金融产品也日渐多样化，如传统农业银行的小额贷款、农村生产个人经营贷款、农业产业化集群客户金融保业务、季节性收购贷款、化肥淡季商业储备贷款、农村城镇化贷款、农村基础设施建设贷款、农民专业化社流动资金贷款、森林资源资产抵押贷款，等等。农产品是居民生活的必需品，保持农产品价格稳定不仅是 CPI 指数的有效平滑器，而且社会良性发展的稳定器。我国农产品价格制度包含最低收购价和临时收购价。

表 3-3　国家和广西农业市场制度建设现状

编号	国家层面制度建设	区层面制度建设
1	农作物种子质量检验机构考核管理办法	农村可再生能源条例
2	中华人民共和国农产品质量安全法	渔港渔船管理条例
3	中华人民共和国畜牧法	
4	中华人民共和国农产品质量认证管理法	广西无公害农产品条例
5	兽药进口管理办法	农村公路条例
6	中华人民共和国农民专业合作社法	《农作物种子管理条例》的决定
7	兽用生物制品经营管理办法	禁止生产和销售假冒伪劣商品条例
8	饲料生产企业审查办法	农业特产税征收管理条例
9	联合收割机及驾驶人安全监理规定	
10	农产品产地安全管理办法	农作物种子管理条例修正案
11	农产品包装和标识管理办法	
12	农业机械维修管理规定	农业投资保障条例
13	农业转基因生物加工审批办法	产品质量监督管理条例（修正）
14	农作物种子质量监督抽查管理办法	实施《中华人民共和国烟草专卖法》办法（修正）
15	农作物商品种子加工包装规定	
16	肥料登记管理办法	
17	农药管理条例实施办法	农村集体经济承包合同管理条例（试行）
19	《种畜禽生产经营许可证》管理办法	集贸市场管理条例
19	兽用麻醉药品的供应、使用、管理办法	
20	国务院关于整顿和规范市场经济秩序的决定	农村合作经济承包合同管理条例

四、农村金融制度服务建设

由于历史原因，农业银行、商业银行、建设银行、交通银行、政策银行和农村信用社构成了传统金融体系。为了推动工业经济发展，按照国家经济发展总体规划，传统农村金融机构扮演"抽水机"角色，将农业经济发展积累的资本转移到工业经济领域。为了保证传统金融机构的正常运转，中国人民银行根据《宪法》和国务院相关法律，建立金融行业相关法律法规，如《中华人民共和国中国人民银行法》、《中华人民共和国社会保险法》、《农村合作银行管理办法》等。

然而，在工业经济发展带动下，农业银行、商业银行、建设银行和交通银行根据市场发展调整经营方向，收缩金融机构网点，和经济互相促进、互相发展。然而，传统金融机构出现了分流，上述所谈的四大银行收缩经营网点后，农村金融机构由农村信用社、农业发展银行构成；且随着经济发展，农村信用社也开始转移投资方向，农业发展银行从原有的农村道路、农业电力设施建设转向农业大型基础设施转变；逐渐成为农业发展障碍。

创新农村金融体系势在必行，银监会建立《农村合作银行管理办法》、《农村信用社贷款管理办法》、《小额信贷公司管理办法》等，促进农村金融机构创新，如农村商业银行、农村合作银行、小额信贷公司、村镇银行等。广西是传统农业大省，为了提高农村金融机构的农业服务水平，区委区政府出台了《广西农信社小额农贷延伸管理暂行办法》、《广西金融支持农村消费市场发展的指导意见》、《关于金融支持广西社会主义新农村建设的指导意见》等。

表 3-4 农村金融制度建设现状

编号	国家层面制度	区层面制度
1	中华人民共和国中国人民银行法	农信社小额农贷延伸管理暂行办法
2	中华人民共和国社会保险法	金融支持农村消费市场发展的指导意见
3	农村合作银行管理办法	关于金融支持广西社会主义新农村建设的指导意见
4	农村信用社贷款管理办法	广西人民政府办公厅关于支持农村信用社加快发展的意见
5	中国农业发展银行信贷基本制度	关于支持农村金融发展税收政策问题的请示
6	国家农业综合开发资金和项目管理办法	广西信用乡镇评定暂行办法
7	关于落实农业产业化经营贴息贷款项目的实施意见	全面做好农村金融服务工作的通知
8	新型农村金融机构总体安排	关于印发广西深化农村信用社改革试点实施方案的通知
9	银监会小额贷款业务指导意见	关于广西银行业支持经济发展方式转变促进全区经济平稳较快发展的指导意见
10	村镇银行管理暂行办法	广西人民政府关于促进金融产业发展的若干意见
11	农村信用社不良资产监测和考核办法	关于广西金融支持十个重点产业调整振兴的意见

五、农业科技制度服务建设

农业科技是新型农业发展基础，为此中央政府相关部门推动科技相关法律法规等制度建设。全国人大常务委员会完善了《中华人民共和国农业技术推广法》、《中华人民共和国科学技术进步法》、《中华人民共和国促进科技成果转化法》等。农业部门建立并完善了《农业部关于推进农业科技入户工作的意见》、《农业主导品种和主推技术推介发布办法》等。为了切实落实中央和农业相关部委的精神，在农业科技法律法规框架下，广西出台关于农业农机推广、农业专利技术保护、农业信息化建设、农业科技激励制度、农业技术转移等系列条例。在中央和地方政府制度支持下，广西农业科技取得了辉煌硕果。监利县农业机械普及率98%；黄陂农业科技转化率52.2%，高于全国农业科技转化率5个百分点。

表3-5 农业科技服务制度建设现状

编号	国家层面制度	区层面制度
1	中华人民共和国农业技术推广法	科学技术进步条例
2	中华人民共和国科学技术进步法	信息化条例
3	中华人民共和国促进科技成果转化法	植物保护条例
4	中华人民共和国科学技术普及法	科学技术普及条例
5	中华人民共和国农业机械促进法	专利保护条例（修正）
6	国家科学技术奖励条例	技术市场管理条例（第二次修正）
7	国家科学技术奖励条例实施细则	《中华人民共和国促进科技成果转化法》办法
8	省、部级科学技术奖励管理办法	农业机械管理条例
9	关于稳定基层农业技术推广体系的意见	科学技术协会条例
10	中共中央国务院关于加快推进农业科技创新持续增强农产品供给保障能力的若干意见	技术市场管理条例
11	国务院关于深化改革加强基层农业技术推广体系建设的意见	水产苗种管理办法
12	农业部关于推进农业科技入户工作的意见	科学技术进步条例（修正）
13	全国农业科技入户示范工程管理办法（试行）	促进科技成果转化条例（修正）
14	农业主导品种和主推技术推介发布办法	技术市场管理办法

六、农业发展制度服务建设

农业剩余人口流动为工业发展做出了不可磨灭的贡献；然而，经济发展使农村剩余人口流动向农村青壮年人口转移。新型农业以新型农业科技为支撑，而现代科技需要高学历人才。农村青壮年人口的城市化转移导致了农业劳动者老年化、学历低下。这已经成为我国推动新型农业发展的拦路虎。国务院要求大力推进农业职业教育，出台了《关于大力推进职业教育改革与发展的决定》和《关于大力发展职业教育的决定》；实施了农业大学生人才计划、农业成人教育计划等项目；以此解决当前农业人力资本缺口问题。

　　发展新型农业是大势所趋，然而打工经济是提高农户收入的重要措施。广西建立《农业就业促进条例》、《劳动力市场管理条例》、《劳动和社会保障监察条例》等农村人口分流的政策法规。

表3-6　农业发展制度建设现状

编号	国家层面制度	区层面制度
1	关于大力推进职业教育改革与发展的决定	农业就业促进条例
2	中华人民共和国职业教育法	农机成人教育暂行规定
3	中华人民共和国职业教育法	劳动和社会保障监察条例
4	中华人民共和国劳动法	劳动力市场管理条例
5	关于大力发展职业教育的决定	
6	关于加强农民工安全生产培训工作的意见	义务教育条例
7	关于进一步做好职业培训工作的意见	农民承担费用和劳务管理实施办法
8	农村劳动力跨省流动就业管理暂行规定	义务教育实施办法
9	关于大力推进职业教育改革与发展的决定	

七、农民保障制度服务建设

　　中央政府民政部门建立了包括自然救灾、农村低保、农村五保、农村合作医疗、农民工失业保险等农民保障制度。《自然灾害救助条例》降低了农民涝灾、旱灾、冰雹等自然灾害给农业造成的损失；《全国基层低保规范化建设暂行评估标准》建立了农村贫困户评价标准，根据《农村最低生活保障制度》给予贫困户最低生活保障。农户致病中78%来自农业生产，而且医疗费用少则几百多则上万，不仅使农户收入水平降低，甚至陷入贫困，农村合作医疗制度的建立减轻了医疗负担。

表 3 - 7　农村保障制度建设现状

编号	国家层面制度	区层面制度
1	失地农民法律保障制度	农村扶贫条例
2	农村最低生活保障制度	血吸虫病防治条例
3	全国基层低保规范化建设暂行评估标准	农民负担监督管理条例
4	自然灾害救助条例	
5	农村医疗救助基金管理试行办法	农村五保供养工作规定
6	关于进一步完善城乡医疗救助制度的意见	农民负担管理条例
7	社会福利机构管理暂行办法	农村合作医疗条例
8	中共中央国务院关于推进社会主义新农村建设若干意见	关于加强血吸虫病防治工作的决定
9	农村五保供养工作条例	
10	农民工医疗保障制度	

　　广西农民保障制度由三大类内容构成：第一类是中央政府要求的农民最低生活保障制度；这一类制度包括农村扶贫制度、农村五保户供养制度、农村最低生活保障制度。第二类是农民减负制度。传统农业缴纳农业税等，提升了农民负担，区委区政府根据财力建立农民负担管理条例。第三类是农民养老保障制度。农村土地除了作为农业生产载体和生产要素外，还承担了农民养老的功能，这也是我国农地规模化经营的进程如此缓慢的原因。目前农民养老保障制度主要包括鳏寡孤独老人和空巢劳动生活保障。此外，由于地方水土、气候等原因，区委区政府还建立地方性法规，如广西血吸虫管理条例、长阳土家族自治县农村合作医疗管理条例。

八、农业环境制度服务建设

　　市场生态价值观引发了人们对生态环境的关注，尤其是对农业生态环境的关注。当前中央和相关部委建立了包括农业、水产养殖、森林、渔业、草原、大气、海洋等一系列环境保护法律法规。为了执行上述法律法规，广西政府把生态建设提到了战略高度，并根据经济发展现状切实对相关环境法律法规进行补充说明。

表 3 - 8　农业环境保护制度建设进展

编号	国家层面制度	区层面制度
1	中华人民共和国海洋环境保护法	
2	中华人民共和国水污染防治法	邕江保护条例

编号	国家层面制度	区层面制度
3	中华人民共和国环境保护法	环境保护条例、农业生态环境保护条例
4	中华人民共和国草原法	水土保持条例
5	中华人民共和国森林法	邕江流域水污染防治条例
6	中华人民共和国防沙治沙法	
7	中华人民共和国废物污染环境防治法	
8	中华人民共和国水法	湖泊保护条例
9	中华人民共和国渔业法	
10	中华人民共和国大气污染防治法	大气污染防治条例
11	中华人民共和国防治陆源污染物污染损害海洋环境管理条例	
12	中华人民共和国水污染防治法实施细则	邕江流域水污染防治条例
13	中华人民共和国气象法	
14	中华人民共和国自然保护区条例	
15	淮河流域水污染防治暂行条例	
16	中华人民共和国野生动物保护法	
17	中华人民共和国水土保持法	水土保持条例

第三节 农业生产服务建设现状

一、农田水利设施服务建设

广西农田水利设施建设包含面上小型大规模项目、小型农田水利工程建设、病险水库出险加固工程以及大型水泵更新改造工程等。其中,面上小型大规模的农田水利项目开工20万余处,投资总额50亿元;修复水毁工程2.8万处,新修防渗渠道2.4万公里,新增改善面积500万亩,新增除涝面积280万亩,新建小型水源工程2.6万处,治理水土流失面积979公顷;小型农田水利工程计划投资7.5407亿元,新增恢复灌溉面积43万亩,改善灌溉面积58万亩,新增改善排涝面积40万亩,新增粮食生产能力9万吨,新增经济作物产值0.53亿元,新增节水能力1亿立方米,受益人口达77万人;病险水库除险加固工程建设656座

（大型12座、中型134座、小型510座），投资计划68.04亿元（中央投资41.41亿元，地方配套26.63亿元）；大型泵站更新改造工程建设60处，国家发改委核定概算投资29.2654亿元；大型灌区续建配套与节水改造工程15个，总投资2.132亿元。中央扩大内需重点项目水利投资计划74.22亿元，重点用于病险水库、大型灌区、农村饮水安全、大型泵站、水土保持、堤防加固、水利、血吸虫病防治和水电农村电气化等共509个项目。

表3-9 2010~2014年广西相关县市的农业水利建设调查情况

调查区域	农田水利项目				投资总额（亿元）	投资效益		
	面上小型大规模项目（个）	小农水项目（个）	病险水库出险加固工程（个）	大型水泵更新改造工程（个）		新增改善面积（万亩）	新增除涝面积（万亩）	农业增收（万吨）
隆安县	271	520	12	4	4.81	7.55	4.41	0.68
马山县	356	471	8	3	7.83	6.93	4.02	0.79
环江县	223	419	7	4	5.76	7.27	4.37	0.83
靖西县	383	398	10	2	3.23	4.43	2.24	0.12
东兰县	109	215	10	3	3.62	3.91	3.09	0.42
平果县	341	590	5	2	5.11	5.04	2.95	0.39
天等县	142	301	2	3	3.74	1.38	2.14	0.41
三江县	121	367	12	2	2.93	3.15	3.71	0.24
金秀县	306	208	11	3	2.27	2.94	1.99	0.26
龙胜县	105	183	5	2	3.79	1.04	2.31	0.31
乐业县	121	278	10	2	2.36	3.23	1.87	0.23
那坡县	187	184	12	3	2.31	1.06	1.45	0.19
德保县	238	153	4	3	1.94	3.01	1.08	0.29

二、耕地平整流转服务建设

近年来，广西掀起了土地整治热潮。到2014年末，调查的13个县市土地平整项目总数10100个；其中，完工项目4900个，正在实施的项目2500个，已立项规划项目2700个。按照国家土地整治项目内容要求，土地整治包含农田平整、田间道路平整、耕地占补和农田生态林工程四大内容。到2014年末，调查的13个县市完工项目土地整治规模3179万亩；其中，农田平整面积2600万亩，田间道路平整面积110万亩，耕地占补面积27万亩，生态林工程施工面积400万亩，新增土地面积42万亩。

我国土地整治项目完全属于农业公共事业建设范畴，尽管土地整治由具有相关从业资格的市场主体进行，但土地整治费用的承担主体是政府。到 2014 年末，调查的 13 个县市完工和正在施工土地整治项目财政总投资 187 亿元，中央和地方政府投资规模为 106.2 亿元和 80.8 亿元（区政府配套资金 52.91 亿元和县市政府配套资金 27.89 亿元），使得农业生产总值年均新增加额 352 万吨。

表 3-10　2014 年末调查县市土地整治调查情况

调查项目	调查情况	具体项目	调查情况
土地平整项目总数	10100 个	完工项目总数	4900 个
		施工项目总数	2500 个
		规划项目总数	2700 个
土地整治规模	3179 万亩	农田平整面积	2600 万亩
		田间道路平整面积	110 万亩
		耕地占补面积	27 万亩
		生态林工程实施面积	400 万亩
		新增土地面积	42 万亩
土地平整项目财政投资总额	187 亿元	中央财政投资	106.2 亿元
		区政府配套资金	52.91 亿元
		县市配套资金	27.89 亿元
农业生产值年均新增额			352 万吨

注：土地整治项目中的小桥、渠道、水闸工程计入农田水利工程，本表不再计入。

三、农业科学技术服务建设

科技重组和拓展农业资源空间，把农业信息、技术、人才、资金汇聚到农业和农村发展的第一线，是当前建设新型农业的重点任务。据调查数据显示，到 2010 年末新建县级信息服务中心指挥中心 8 个，龙头企业技术创新中心 15 个，农村区域科技成果转化中心 9 个，农村信息化基地 5 个，星火培训基地 47 个，基层信息服务站 51 个，新建视频课件 13 件，专题文本库 6 个专题、8 万条信息，专题语音库 3 个专题、2 万条语音信息，农村专业技术协会 10 个；在区政府组织下，全区 82 所大专院校开展了农村科技培训工作，培训人次 7.5 万，开展科技特派员工作，向基层派出科技特派员 400 多名，其中 4 名优秀科技特派员受到了联合国开发计划署、中国国际经济技术交流中心、中国农村技术开发中心的联合表彰，具体如表 3-11 所示。

表 3 – 11　2014 年调查的广西 13 个县市农业科技服务体系建设调查现状

调查项目	具体项目	调查情况	调查项目	具体项目	调查情况
农业科研	财政投入	57.19 亿元	农业技术推广	财政投入	11.93 亿元
	从业人员	721 人		推广总数	12395 项
	科研成果	7329 项		推广站	718 个
	科研转化率	31.11%		推广人员	1082 人
农业机械化程度		38.62%	农业信息化普及程度		20.31%

为了探索建立和完善科技支撑全区新型农业发展的长效机制，区委区政府决定由科技厅牵头，计划培植 100 家强创新能力和发展潜力的农业科技创新示范企业，建成 100 个与优势特色农业板块经济对接的科技创新示范基地，集成组装和示范应用 200 项以上标准化、成套化农业种养技术，稳定和发展 30～50 个高水平的农业科技源头创新团队，推广应用 100 项左右先进、成熟、实用的农业新品种、新技术，培训农民 400 万人次以上。使广西农业科技创新示范企业的技术创新条件明显改善，研发投入和创新能力明显提升，科研转化率和贡献率得到较大提升，60% 的企业拥有自主知识产权技术、产品、标准，农产品加工转化率和农业产业化水平大幅提高；农业科技推广服务体系功能基本完善；农业科技自主创新能力明显提升，更好地支撑引领广西新型农业发展。

四、农村金融服务供给建设

2009 年，中国人民银行负责人回答记者就中央一号文件中有关"农村金融"的问题"怎样加快发展多种形式新型农村金融组织和以服务农村为主的地区性中小银行"时，认为应在加强监管、防范风险的前提下，要继续逐步放宽市场准入，培育适度竞争农村金融市场。具体内容包括：鼓励地方性商业银行发展"三农"业务，发展与"三农"相适应的多种形式新型农村金融机构和社区型中小银行，允许条件成熟的农业专业合作社开展信用合作，引导民间金融成为农村金融市场的重要竞争主体。

在制度引导和政府重视下，调查的 13 个县市中长期扎根于农村的传统农村金融机构——农信社的机构和农村邮政储蓄银行机构网点相对完善，分别为 270 个和 253 个，信息化建设水平为 89%，高学历从业人员占比 45.17%；但由于制度原因，邮政储蓄信贷品种正处于完善中，而农信社的信贷品种则存在多元化，如农信社个人汽车消费贷款、下岗失业人员小额担保贷款及商业汇票贴现等。尽管农业银行和农业关系渊源，经营体制和信贷风险以及农业自身特点导致了农业银行收缩营业网点和贷款业务。近几年来，农村金融制度改革与创新，农业银行逐渐恢复了信贷业务较大的农村业务点，并成立了农业银行信贷管理部。截至目前，调查县市的农业银行的网点达195个，历史原因使得农村银行的信息化建设远高于农信社和农村邮政储蓄银行，达100%。农村商业银行、村镇银行和农村合作银行属于农村金融制度改革的产物，在农村金融市场中，表现了较强的活力。调查县市的农村商业银行网点48个，信息化建设水平85%；村镇银行的机构网点65个，信息化建设水平73%，农村合作银行的机构网点42个，信息化建设水平77%。由于行业时间短，管理和业务问题都处于探索之中，三大农村银行的贷款品种和业务种类都处于建设和发展中。农业发展银行属于政策性银行，从建立之初到目前，农业发展银行的业务发展经过了巨大的改变。农业发展银行建立之初以农业生产性和基础设施建设贷款为主；尔后随着农业发展滞后以及宏观经济社会的发展，农业发展银行逐渐丧失了本职，业务以农业大型基础设施建设为主，将资金逐渐转向非农业领域。

表3-12　2010年调查的广西13个县市农村金融机构调查情况

农村金融机构	机构网点（家）	固定资产（万元）	信息化建设（%）	从业人员（人）	贷款品种
农村商业银行	48	356.73	85	288	小额短期信用贷款、农易富业贷、农户联保贷款、林权抵押贷款、农户小额信用贷款、农村土地经营权抵押贷款、农业科技示范户贷款
农业银行	195	210.69	100	1215	小额贷款、农村生产个人经营贷款、农业产业化集群客户融信保业务、季节性收购贷款、化肥淡季商业储备贷款、农村城镇化贷款、农村基础设施建设贷款、农民专业化社流动资金贷款、森林资源资产抵押贷款
农村信用社	270	491.66	89	780	农户小额信用贷款、农户联保贷款、个体工商户贷款、个人汽车消费贷款、下岗失业人员小额担保贷款、商业汇票贴现、生源地助学贷款
村镇银行	65	200.84	73	450	小额无担保信用贷款、联保贷款、担保基金贷款、抵押与质押贷款
农业发展银行	51	378.91	92	765	粮油棉储备贷款、棉花收购和技术改造贷款、农业生产资料贷款、农业产业龙头企业贷款业务、农业小企业贷款业务、农业科技贷款业务、农村基础设施和农业综合开发贷款业务、农村流通体系建设贷款业务
农村合作银行	42	190.42	77	378	农民致富信贷、全民创业信贷、农业产业化信贷、农村市场建设信贷、农业中小企业信贷
邮储银行	253	361.27	89	585	小额信贷、个人质押贷款、农业小企业贷款

传统农业银行的职能回归和新型农村金融机构的兴起，农业信贷实现了星星燎原之势。2014 年全区银行业县域存贷比年初提高 3.8 个百分点，涉农贷款增幅为 33.1%（21.5%），小额担保贷款余额 24.8 亿元（150%），生源地助学贷款余额 33.1 亿元（同比增长 13%），稳步推进节能减排项目的"绿色信贷"贷款；重点振兴行业和战略性新兴产业贷款分别增长 23.5% 和 33%，均高于各项贷款增速①。

五、农户技术培训服务建设

广西新型农业发展服务建设包含农民自身身体素质、文本素质和年龄结构等内容。据调查数据知，农民身体素质日渐下滑，2014 年身体健康的农民占 3.58%，身体一般的占 10.94%，年弱多病的占 85.48%；身体健康和一般的比重远低于 2010 年。农民文化程度有所改善，到 2014 年末小学及以下的占 45.89%，初中的占 32.12%，高中的占 15.36%，大学及以上的占 6.63%。农民年龄结构出现恶化的趋势，18～30 岁的占 2.5%，31～50 岁的占 21.83%，51～60 岁的占 45.26%，61 岁及以上占 26.41%，且调查农户中女性占比 62.13%，具体指标如图 3 - 1 所示。

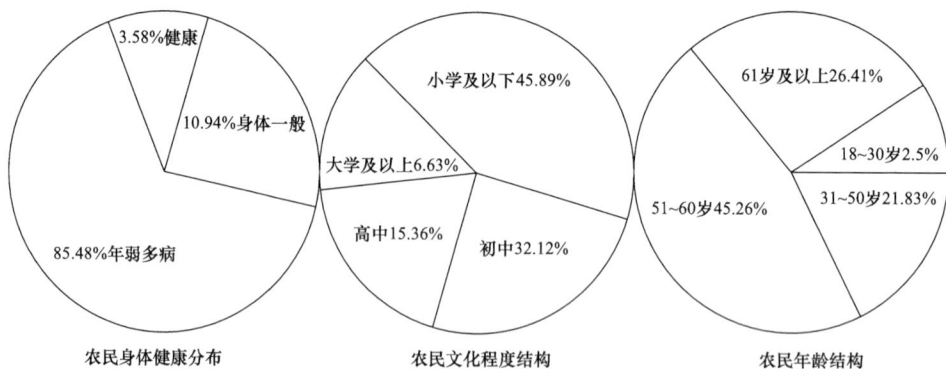

图 3 - 1　农户素质结构

建设农民身体素质，调查县市采用财政补贴支助农民体检和鼓励农民参加合作医疗，调查农民中曾经参加过体检的比重占 45.82%，其中年均一次的占 12.71%，农民合作医疗参合率均为 100%。建设农民文化素质，除了中央政府减

---

① 广西人民政府网站《广西政府金融办发布 2014 年广西金融业发展情况》；http://www.dzwww.com/rollnews/news/201104/t20110422_ 7136947. htm。

免九年义务教育的所有费用外，地方政府组织农业专家多次下村进行技术培训和生产指导，并实施科技特派员工程和大学生支农支教工程。调查农户中曾经接受专家指导的占 61.09%，曾经接受过科技特派员技术帮助的占 37.21%，曾经接受过农业专业技术培训的农民占 40.02%，接受大学生支农支教的县市占 81.57%。在调查地区，政府以农产品基地、阳光工程、农业机械化推广等为依托，组织实施农业技术指导的田间工程，使农业技术和农业机械化迅速推广。此外，还以职校为依托，开设农业专业课程，定期对农业实施技术培训。改善农民年龄结构层次，以建设新型农业为依托，健全农业人力资本激励机制，实施优质人才工程。通过龙头企业带动农业产业化发展而吸收的高等院校专业人才给予工资补贴等方面的优厚待遇。截至目前，调查的 13 个县市中，建立农业人才激励机制的占 30.76%。

六、农产品质量认证服务建设

（一）农产品质量检验检疫服务建设

当前，市场中的问题农产品屡见不鲜，如"避孕药黄瓜"、"膨大增甜西瓜"、"催熟香蕉"等。2009 年中央一号文件《中共中央国务院关于 2009 年促进农业稳定发展农民持续增收的若干意见》明确提出了要严格农产品质量安全全程监控，农产品质量安全问题和农资质量问题成为政府建设的重点。近 5 年，政府引导市场大力建设农产品质量安全检测硬软件设施。据调查数据显示，到 2014 年，中央和广西政府共投入 3.57 亿元建设农产品安全检测体系；其中，农业标准化监督检查体系的建设县市比重占 67%，重大病虫害检测预警和控制体系的建设县市比重占 82%，危险病虫害检疫的建设县市占 73%，农药监测体系建设的县市占 42%，动物疫情测报网络和防疫监测系统的建设县市分别占 37% 和 28%。由此使得农产品质量合格率得到大的提升。当前，广西检测的农产品种类达 156 种，农产品农药残留合格率 81.7%，农产品质量检测月批次 3 次，有效降低农产品生产、运输等各环节的安全隐患。此外，为了使农产品质检水平达到国际标准，75% 的县市从高校引进高学历人才。目前，调查的 13 个县市农产品质检从业人员的平均学历高中以上，年龄结构得到优化，从 55 岁下降为 50 岁。

（二）农产品认证服务建设

提高农产品质量，按照农业部要求，各地区纷纷建立了农产品产地准入和市场注入制度。其中，包含无公害农产品认证、绿色农产品认证和有机农产品认证。到 2014 年末，调查的广西 13 个县市获得无公害农产品认证的种类 43 项、认证品牌 21 个，认证农产品种植面积 123 万亩；绿色农产品认证种类 23 项、认证品牌 14 个，认证农产品种植面积 37 万亩；有机农产品认证种类 18 项、认证品

表 3 - 13   2010 年调查的广西 13 个县市农产品质量检测与安全调查情况

调查项目	调查情况	调查项目	调查情况
农产品质量检测财政投资	3.57 亿元	农产品质量检测种类	156 种
建立农业标准化监督检查体系的县市比重	67%	农产品农药残留合格率	81.7%
建立重大病虫害监测预警和控制体系的县市比重	82%	农产品质量检测月批次	3 次
建立危险病虫害检疫的县市比重	73%	农业企业检测月批次	1 次
建立农药监测体系的县市比重	42%	农产品基地检测月批次	2 次
建立动物疫情测报网络的县市比重	37%	农产品销售点检测月批次	4 次
建立动物防疫监测系统的县市比重	28%	农产品质量安全隐患	—
农产品质量安全监测点总数	43 个	生产、收货验货隐患比重	79%
农产品质检从业人数	210 人	加工、包装隐患比重	34%
质检人员总数	45 人	储存隐患比重	19.5%
质检人员学历	高中	运输隐患比重	12.1%
质检人员平均年龄	50 岁	销售隐患比重	9.7%

牌 8 个，认证农产品种植面积 12 万亩，涉及农户总数 180 万，中央和地方两级政府财政投资总额 45.9 亿元。2010 年 9 月国家认监委副主任王大宁指出，认监委在食品农产品认证监管方面将着重建立三个体系，即监管体系、责任体系和认证有效性验证体系，打造一个平台食品农产品认证推广平台。此外，认监委还将针对认证制度运行环节建立风险分析和风险预警机制，健全食品农产品认证标准规范体系，大力加强食品农产品认证信息化建设，以不断提高获认证食品农产品的质量水平。为了响应中央政策，广西要求自 2012 年 1 月起，对凡在本区内农产品市场销售的所有农产品全部实行市场准入。

表 3 - 14   2014 年末调查的广西 13 个县市农产品市场建设成功调查情况

认证类别	农产品品牌建设	已获原产地认证的农产品种类	已获原产地认定的面积	政府财政投资		已获原产地认证农产品农户总数
				中央政府	地方政府	
无公害农产品认证种类	21 个	43 种	123 万亩	4.32 亿元	0.41 亿元	120 万
绿色农产品认证种类	14 个	23 种	37 万亩	13.35 亿元	1.23 亿元	43 万
有机农产品认证种类	8 个	18 种	12 万亩	21.78 亿元	4.81 亿元	17 万

七、农业合作组织服务建设

农业专业合作社破解了农业大市场与农民小生产矛盾。到 2014 年末，调查的广西 13 个县市农业合作社总数 905 个，其中种植业 670 个、水产养殖业 194 个、畜牧业 41 个，会均成员分别为 41 人、29 人和 11 人，图 3 - 2 是 2014 年调查广西的 13 个县市农业专业合作社行业和服务内容分布情况。

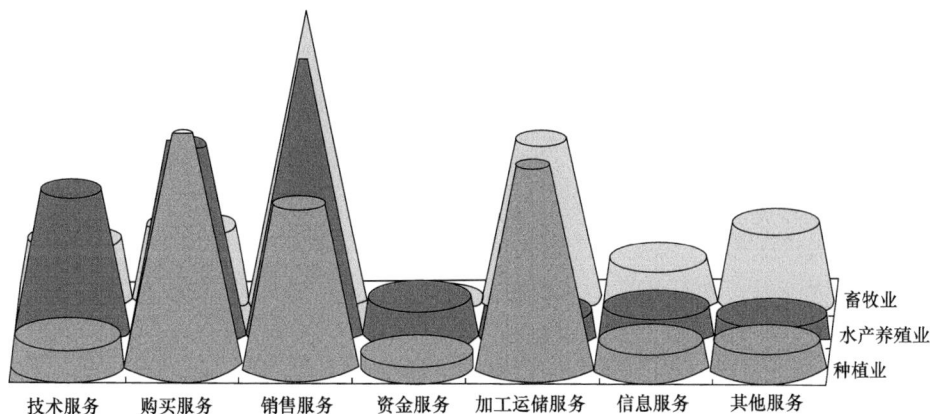

图 3 - 2　调查的广西 13 个县市农业合作社调查情况

八、农业发展保障服务建设

降低自然灾害和病虫害对农业生产风险及其发生后的损失，政府财政投资 318.35 亿元建立了四位一体的农业生产性保障服务体系，即农业防灾减灾体系、农业生产气象保障服务、农业保险服务体系和灾后救济救助服务。农业防灾减灾体系服务财政支出 149.22 亿元，覆盖率 86.75%；农业生产气象保障服务财政支出 65.32 亿元，覆盖率 70.89%；农业保险服务体系财政支出 103.81 亿元，覆盖率 59.37%；灾后救济救助服务财政支出 104.62 亿元，覆盖率 90.12%。此外，政府还依托现代信息网络，延伸农业生产性保障服务体系的边界，如短线、数字电视、户外视频等。

此外，新型农业需要建设农民保障性服务。如与耕地相配套的失业保险、养老保险和最低生活保险。与国外相比，我国耕地还承担失业、养老和最低生活保障的职能。因此，我国现代新型农业发展服务才出现了本节第六部分的现状，农业劳动力逐渐老化，文化素质偏低，导致农业机械化和新农业科学技术推广难度增加，以至于影响我国农业在经济社会中的基础地位。基于此，政府两手抓，一手抓生产要素相关制度建设,一手抓农民医疗、失业、养老和最低生活保障等服务内容的建设。据调查统计,2014年政府投资146.04亿元建设农民保障性服务,使最低生活保障、养老保险、失业保险和医疗保险的覆盖率分别达到72.36%、43.27%、36.48%和20.17%。

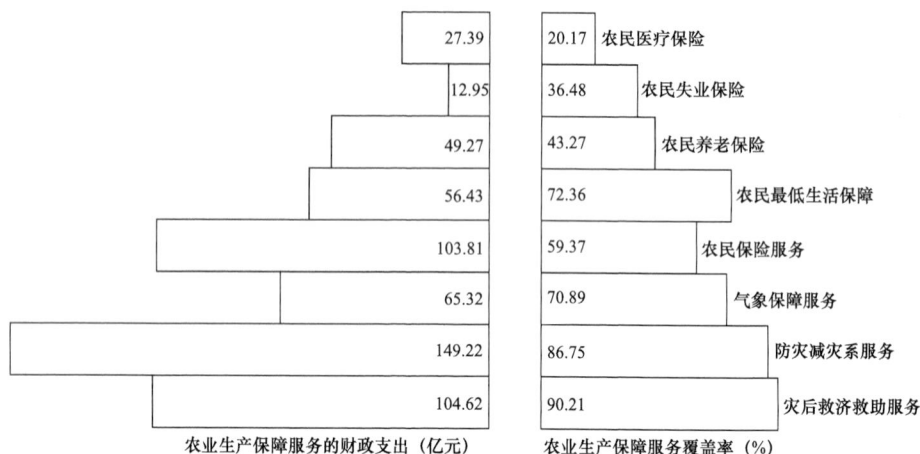

图3-3　广西新型农业服务保障比例

表3-15　2014年调查的广西13个县市新型农业保障服务建设调查现状

调查项目	人口覆盖率（%）	财政支出（亿元）
灾后救济救助服务	90.12	104.62
农业防灾减灾体系服务	86.75	149.22
农业生产气象保障服务	70.89	65.32
农业保险服务	59.37	103.81
农民最低生活保障	72.36	56.43
农民养老保险	43.27	49.27
农民失业保险	36.48	12.95
农民医疗保险	20.17	27.39

第四节 新型农业公共服务体系建设存在的主要问题

一、生产基础设施服务供需失衡

农田基本水利建设、防洪防涝设施建设、大型水库及各种灌溉工程以及良种的培育等是农业生产的基础和条件，这些公共产品的供给不足造成农业经济发展的深层次、根本性问题仍未得到彻底解决，农业靠天吃饭的局面尚未根本改变，仍然面临着极大的风险。电网改造、交通设施等公共产品对于改善农业生产与经营条件起着很大的作用，而广西这些基础设施建设供给不足，使得农业生产现代化科学技术无法大面积普及和推广，以致农业生产效率低下，影响了农业产品的产量和农业生产。

生产性公共产品主要是指一些硬件设施，即农业基础建设。广西虽是一个农业大省，但农业基础建设供给水平却较低。不论是国家财政的农业转移支付预算还是地方政府财政直接投资，投资比重占总投资水平的比重均较小，具体见表所示。2010～2014年，除2010年外，农业基本建设支出占总基建支出的比重变化很小，2011年，国家的农业基建投资额为527亿元，仅占国民经济各行业基建投资的15%。近几年，中央政府取消了农业税等农业支出，开始对良种、机械、农产品价格进行补贴，提高了重大水利工程和生态建设等社会普遍受益的投资总额，约占国家农业基建投入总量的80%～90%，实际用于增强农业市场竞争力和直接改善农民生产生活条件的良种工程、动植物保护、重要农产品基地以及农田水利、节水灌溉、人畜饮水等中小型基础设施方面的投入少，占10%左右；按照中央农业投资要求，地方政府必须按照一定比例配套农业投资资金，但从调查结果看，75%的县市政府配套资金不到位，10%的配套资金为0。这种低水平的生产性公共产品供给很难适应新型农业发展需要，具体表现在：一是农用大型机械短缺，除平原地区机械化普及率相对较高外，山区丘陵地带仍然以传统耕作方式为主。二是农业水利设施年久失修，尽管2011年中央政府进行了专项预算投资，但只是杯水车薪。新修缮的农田水利设施利用效率低，乐业、巴马、隆安等地出现水利设施被农户破坏现象。2014年广西已建成水库8.5万座，但因管理不善，有相当一部分是带病运转，导致大部分农民仍然摆脱不了靠天吃饭的命运，2014年受灾面积达47119千公顷，成灾面积达27319千公顷，绝收面积达6559

千公顷。三是交通运输设施滞后，交通网络不畅，瓶颈过多，虽然近几年县乡间的道路建设较以前有了较大改观，但有许多农村道路不成体系，仍然存在因交通不便而导致经济落后的问题。四是农村电网过稀，且陈旧破损严重，即使通了电，农民也承担不起昂贵的电价，农民用电依然很不方便。

二、农业科技资源使用效率低下

（一）农业科技资源分布失衡，县市农业科技发展滞后

广西的农业科技资源（包括科研人员和机构、科研设施等）总量虽大，但分布不平衡，科技资源大部分都集中在南宁，其他市（州）则非常贫乏。目前，高水平涉农高校仅有广西大学，涉农国家级重点实验室、国家级工程（技术）研究中心全部集中在南宁市。这些科研机构和高校拥有绝对的科研优势和精良的科研设备，掌握了绝大部分来自各级政府的科技项目经费。相对比南宁市而言，分布于各市州的农业科研力量则主要是一些本地农科所，它们中绝大部分发展主要依靠过去中央财政项目对重点农科所、原种基地、作物育种分中心投入打下的基础，新增投入非常有限，通常地方政府对市州农业科研单位的年科技经费投入不到100万元，最少的只有几万元，以致这些机构的科研设备相对落后，科技创新条件较差，科研实力及创新能力提高缓慢。

（二）农业科技资源集成度差，创新效率不高

新型农业科学研究具有交叉融合的特性。一项大的、有突破性的创新需要多学科、多专业的交叉融合，因此，不同专业领域的人协同工作对创新的成败具有决定性作用。尤其在一些农业重大战略性研究领域，综合化、集成化的重要性更为明显。集成创新的特征在于能打破空间和层次界限，实现优势互补、资源共享，开放式地解决创新问题，获得外部规模效应。目前，广西各类农业科研机构均纵向隶属的农业科技管理体制，往往割裂了创新主体间的横向联系和协调，导致研究力量分散，在各地的农业科研单位之间联合攻关，服务于产业发展的集成创新明显缺乏。同时，全区农业科研机构的设置不尽合理，现有的农业科研、推广机构都按行政区划设置，不是按自然资源区划设置，形成机构重叠、科技工作重复，科技工作按行政区域配置，使地区间的科技资源流动不够，科技人力、物力、财力、土地等资源还没有完全实现有效的配置，科研资源的紧张和浪费局面并存，大大制约了农业自主创新成果的产生，影响了科技创新效率的提升。

（三）农业科技投入水平相对较低，科技投入结构不合理

近年来，广西农业科技投入，尤其是政府科技投入同"十一五"期间相比有较大增长，但科技事业费和科技"三项经费"的投入仍低于全国水平，其中用于农业科研的经费比例更低。农业科技三项经费占财政支出的比例为0.95%，

与先进省份相比差距较大，如：湖南为1.19%、河南为1.09%、辽宁为1.85%、浙江为2.08%、广东为1.78%。本级科技投入中的"科技攻关计划"是科技投入的大头，2010～2014年总经费2.86亿元，其中支持农业科技攻关只有8003.5万元，只占27.9%；共支持了693个农业攻关项目，占全区攻关项目数24%；平均每个项目获得的经费支持仅11.5万元。2006年启动的"区重大科技专项计划"资金总额1亿元，这八年用于农业企业平均每年也只有1700万元，只占17%。

同时，广西科技投入结构也不尽合理。从R&D经费在不同类型研究活动中的分布情况来看，R&D经费主要集中在应用研究领域，而在基础研究和试验发展领域分布相对较少，如：2012年广西高校和科研院所农业R&D经费分布在应用研究领域经费占总经费的比重达54.77%，而在基础研究和试验发展领域的比重分别仅为36.72%和8.51%；从科研经费的流向来看，全区科技计划经费投入的绝大部分流向了科研院所和高校，而流向企业的科研经费很少。

（四）农业科技成果"供给"和"需求"未能对接，成果评价机制有待健全

作为农业科技创新大省，广西的农业科研主要以高校和科研院所为主导，每年均产生了大批农业科技成果。2010～2014年，广西共取得农业科技成果710项，其中有222项获得国家、省、市等各级农业科技奖励证书，获取数量位居全国前列，但高校和科研院所作为事业单位，其资金来源以政府财政拨款为主，主要任务是完成政府下达的科研课题，获取奖励及其论文发表，并作为调资、晋职的依据，他们的研究成果往往缺乏市场化、商品化、产业化导向，重论文轻应用、重研究轻开发、重成果轻转化，往往存在为科研而科研的学术化倾向，大多研究成果并没有变成现实的生产力。同时，农业科研、农技推广、农业教育作为"三农"服务的主体机构，由于管理体制问题，农、科、教之间各自为政，工作上不协同，业务上不联系，相互竞争（目前虽然有所改进），阻碍了科技工作的发展，科研单位缺少与社会、企业之间的横向联系，致使产学研、农科教相分离，科技创新和经济发展"两层皮"，造成了目前广西农业先进适用的科研成果明显不足。

同时，目前广西农业科技成果评价机制不合理，农业成果评价过分重视专家意见，而忽视成果使用者，特别是农民的评价意见。科研经费的投入过于看重技术机构和开发者的名气，而不是看成果自身的实用性。从而产生了农业科研中的"马太效应"，使得真正有实用性、满足农业需要的成果往往得不到充足科研经费的支持。因此，迫切需要建立合理的农业科技成果评价机制。

（五）农业企业创新能力较弱，产业竞争力不强

由于历史与体制的原因，广西农业企业发展历史较短，资金和技术储备先天

不足，政府科技投入主要集中在科研院所和高校，农业企业创新两头在外，既要花巨资购买或引进新产品，又要斥巨资进行市场推广，风险大、成本高、回报期长，企业自主科技创新往往是心有余而力不足，一直没有实现突破性发展，虽然近年来广西农业企业对技术创新重视程度在逐步增加，但目前广西农业企业创新能力依然较弱，还没有成为全区农业科技创新的主体。根据国际经验，技术研发投入占销售收入额比重在1%以下的企业是难以长期生存的，比例为2%左右的企业仅可以简单维持，只有比例达到5%的企业才具有核心竞争力。根据对全区53家重点龙头农业企业调查显示，企业平均研发投入占销售收入比重5%以上的企业仅占24%，50%以上的企业研发投入占销售收入的比例还不到2%，近30%的企业还不到1%。

企业技术创新能力弱，导致广西与周边省份差距呈逐步拉大趋势。如2013年，广西22家国家重点龙头企业销售收入只有70亿元，而河南仅双汇的销售收入就有230亿元。浙江目前有104个省级名牌农产品，20余家企业农产品品牌获著名商标，该省有1000多家外向型农业龙头企业，其中有67家企业农产品出口额超过1000万美元，农产品出口额约占农业总产值的20%。相比之下广西农业企业科研开发投入较少，自主开发能力弱，基本上是搞"模仿秀"和实行"拿来主义"。龙头企业获得区名牌产品和著名商标的为数不多，企业技术创新和品牌培植意识不强，因此造成产品竞争力弱、市场占有率不高。而发达地区如广东、江苏、浙江等地企业，具有较强的风险承受意识，对于有一定市场前景的产品敢于投资。

（六）农业科技体制改革政策体系不完善

近年来，在区委区政府的推动下，科技体制改革稳步推进，并取得了一定的成绩，推动了农业科技的快速发展，但是在农业科技体制改革政策方面仍存在着一些问题。在科研院所体制改革方面，区委区政府虽然出台了一系列关于国有科研院所改革的政策、法规，但是没有制定与农业科研院所改革密切联系的人员分流、机构编制、国有资产核定、区分和划拨以及科技人员创业优惠等具体的配套政策，造成改革方案无法执行或改革方案执行大打折扣，从而影响了农业科研院所改革效果。

在农业科研成果知识产权保护方面，农业科研成果知识产权保护法规不健全，企业农业科研成果知识产权整体意识不强和缺乏诚信意识，部分企业试图绕开知识产权法律法规，无偿获取农业科技成果使用权，大大降低了农业科技人员科技成果转化的积极性和主动性。如有的科研院所同企业签订了技术成果转让协议，按照协议科研院所可以获得该成果转化后相关利润收益，但有的企业往往通过各种手段造成企业亏损假象，导致科研院所无法获得合作受益。这种缺乏诚信的做法也使得科研单位同本省企业合作的积极性下降。

（七）应用型、经营型农业科技人才不足，农村科技服务体系有待完善

广西科技人才结构的不平衡，真正在农业科技推广中最具有辐射带动作用，贴近农民生产实践，农民"信得过、找得到"的应用型和经营型农业科技人才却不多。据统计，平均每万名农业从业人员中，农业技术高级人才不足 2 人，农村乡土拔尖人才不足 18 人；平均每万亩耕地拥有乡土拔尖人才不足 16 人；每万名乡镇企业人才中只有高级人才 1.2 人。目前，开展的各类农民科技培训大多以农村科普和技术推广为主，培训一般性农业技术推广人才较多，缺乏本土高水平的农业科技人才培养机制，而这些扎根基层、经验丰富的乡土科技人才往往才正是开展有效科技传播与服务的中坚力量，他们具有良好的群众基础和丰富的实践经验，具有极强的辐射带动能力，而且大多具有强烈的创业致富愿望。

目前广西虽然形成了多元化的农村科技服务基本格局，但体系功能发挥有限，一是投入面大，力量分散，作用不明显。二是科技服务组织自身发展后劲不足。科技服务机构主要是政府科技部门，市场的组织化程度和经济效益比较低，经费来源主要依靠政府拨款和上级项目支持，在财政困难、创收项目缺乏、筹资渠道狭窄的现实情况下，科技服务组织的经济实力严重不足，自身发展难度很大，使农村科技服务体系的发展受到了极大的限制。三是现有的专家大院、区域科技成果转化中心、龙头企业创新中心等多元化、单一态的服务模式普遍存在产前、产中技术服务基础较好，但服务链短、集成度差的缺陷，导致新技术的存量不足，又缺乏引入新技术的有效通道，整体上不能充分适应新型农业发展的需求。

表 3 - 16　国家财政农业支出的结构　　　　　　　　　　单位：亿元

年份	生产和事业费支出占比农业支出的比重	基本建设支出		科技三项费用		农村救济费及其他占农业支出的比重
		占农业支出的比重	占总基建支出的比重	占农业支出的比重	占总科技三项费用的比重	
2010	62.27	33.65	19.78	0.79	3.53	3.28
2012	63.02	33.01	19.15	0.71	2.86	3.27
2013	69.76	26.81	13.48	0.63	2.48	2.81
2014	64.68	30.03	15.38	0.71	2.98	4.55

资料来源：《中国统计年鉴》（2004），相关比例由计算得出。

2010 年以前，国家在农业科技方面的投入不到 10 亿元，2010 年以后才略超过 10 亿元，农业科技三项费用占总科技三项费用支出的比例从 2010 年的 3.53%

下降到 2014 年的 2.98%，其在财政农业支出中所占比重不到一个百分点。经费不足，极大地限制了研究与开发人员从事农业科研工作。除农业科技开发资金投入不足外，还存在其他方面的投入不足，如农业科技人员短缺；农业科技机构缺失或仅是形式上的存在；农业基础研究滞后；农民直接获取科技知识的渠道不畅，成本过高；农业科技推广体系不健全、渠道单一、活力不够、动力不足，以及由此而导致的农业科技成果推广力度不强、范围不广等。发达国家农技推广经费一般占到农业总产值的 0.6% ~ 1.0%，发展中国家占 0.5% 左右，但我国不足0.2%。目前，我国农村的科技推广体系主要集中在县和乡镇，而且这些为农业服务的技术推广机构的经费主要是靠乡镇财政来供给，服务提供困难。

三、农产品市场化服务失灵滞后

农业属于弱势产业，要求政府适当干预，这也符合经济学原理，如政府对农产品价格管制等。政府对农产品价格管制以市场机制为主，而应该扭曲宏观价格信号，使农户错误或者无法正确判断市场需求和农业发展趋势，而做出错误的生产决策。而农业决策影响至少农业生产一个周期，给农户带来灾害性损失。以至于大多数农户以传统生产决策方式为主。经过近些年努力，农业市场发育取得了进步，如根据市场供求规定的农产品最低价格保护，放开农资市场管制，政府有形之手逐步出现了收缩迹象。

然而，广西农业中"小农户与大市场"的传统矛盾仍未达到解决。随着市场发展，与传统农产品销售相比，如今的农产品销售需要严密的销售网络体系，如农产品经纪人、农产品储存和运输、农产品品牌建设等。农业专业合作社发展顺应这一潮流，但广西农业专业合作社整体发展滞后缓慢。2010 年隆安县农业专业化合作社总数 120 家，且制度建设极不健全；靖西总数 78 家，仅仅是空架子。农户与市场之间缺乏利益衔接机制，导致农产品市场化受限。这种利益衔接机制体现在市场信息导向机制和风险分享机制，就当前而言，大多数农户遇到信息不对称问题。当前网络建设，农户家家户户装上了数字电视、村庄农业电子显示屏等宣传媒介。然而，目前广西尚未形成集中、统一、有效的农业网络信息系统，信息的收集、加工和传播的力量相当薄弱；农户获得了大量农业信息，却由于学历低下不能处理和精确的分析获取自己所需的农业信息。一是导致农业信息宣传费用居高不下，而效果甚微。农户仍然采用传统生产方式，使得政府农业宏观调控和管理实效，农户增收有限。二是农户凭借自己获取的农业信息做出生产决策，辐射周边农户，导致农产品具备供过于求，出现谷贱伤农的现象，市场均衡变得极为脆弱。在这种情况下，农产品的实际价值无法得到实现，比如大量农产品积压、大量果树自毁等。如果农业信息来自农户信任的传输渠道，农民将能更好地进行生产，而不会出现增产不增效、增产不增收的局面，农业也将得到稳定的发展。另外，农业的专业市场建设也严重滞后，农产品的产前、产中、产后服务，农产品的运销问题仍然突出，收入实现困难，影响农民增收。因此，政府为农民提供一个规范的全国性的农业及农产品相关信息网络已经成为近年来农民的迫切愿望。

此外，广西农产品交易市场建设落后，如 80% 的农产品在传统批发市场、菜市场销售。广西现有 2.2 万个农产品集贸市场，4500 多家农产品批发市场，这些市场不同程度地存在着布局不当、功能不全、档次不高、信息不灵、交易方式和安全卫生条件落后的问题，并且无论产地，还是销地，重复建设、管理混乱、抢占货源、争夺客户的现象也比比皆是。多数市场，特别是产地市场设施水平落后，生产者没有像样的货场和冷库，农产品大多是露天堆放，损失非常严重。此外，除农产品市场外，其他市场对于农民来说还很陌生，如金融市场、技术市场、土地市场、信息市场等，市场在农村没有发挥在资源配置方面的优势，农村的经济发展亟须政府提供引导资本、信息、技术等要素流向农村的政策公共产品。

四、农村义务教育阶段负担沉重

农村义务教育投入不足的直接后果就是农村总体文化水平较低。广西农村劳动力中，初中及初中文化程度以下的比例占 80% 以上。发展新型农业，有必要弄清楚新型农业建设条件和特征。新型农业效率高，特征是利用现代科技武装农业产前、产中和产后各环节。从新型农业发展趋势看，知识物化价值在农业逐渐得到体现，生产过程依赖于知识、信息和科技等的运用。西奥多·W. 舒尔茨曾指出改造传统农业的关键是投资问题，核心是人力资本投资，教育支出则是人力资本投资的主要内容。高学历的农户能够经济合理地灵活运用农业研究成果、方法和农业设施，彻底改革传统农业。广西农村基础教育落后，导致农民文化技术素质偏低，严重地影响了对先进的农业技术的接受能力，进而是科学技术在农业和农村中的普及推广难度增大，科学技术转化为现实生产能力的效率不高，最终影响了农民收入增长。

现在的农村义务教育以区政府供给为主，据 2014 年广西农村统计年鉴显示，义务教育经费乡镇承担 78%，县财政负担 9%，区级负担约 11%，中央财政负担不足 2%，而县乡两级负担的 87% 基本上都来自农民上缴的各项费用。在中央和区级政府投入很少、农民收入较低而县乡政府财力有限的情况下，农村义务教育投入严重不足，这直接造成了农村地区小学和初中教育类公共产品的供给不足。学校的数量和教师的质量无法满足农村发展的需求，中小学校舍破旧，教学设施简陋，拖欠教师工资、儿童失学、辍学等现象较为普遍。

五、农村社会保障体系局部缺失

20 世纪 90 年代我国城市社会保障制度就已经建立并得到了初步完善，而农村社会保障才处于发轫阶段；这种二元社会保障体制在某种程度上成为当前城乡分割的重要因素，以至于限制了当前新型农业发展。

新型农业的规模化很大程度依赖于农村剩余人口城市化迁移，只有这一部分城市化迁移，才有大量土地得以流转，而农地流转是实现新型农业规划化经营的必要条件；如果不解决农村社会保障制度，就不能解除农户城市化迁移的后顾之忧，害怕失去最后的生活保障，从而导致大量土地被撂荒，大规模土地流转机制就无法形成，严重制约农业生产力的发展和农业现代化的进程。在农业生产的专业化、商品化、市场化的过程中，传统的农村土地保障和家庭保障的保障功能已逐渐弱化，农业专业化经营规模的扩大和农村剩余劳动力的转移，使农民面临着比自然风险更多更大的风险，如市场风险、失业风险、工商风险、医疗风险等，农村家庭结构的变化和人口老龄化的趋势，使农民家庭负担越来越重，唯有建立健全的社会保障体系，才可以帮助农民增加抵御各种风险的能力，否则，新型农业发展将受到很大的影响。我国耕地兼顾了生产要素、生产载体和农村社会保障功能。当前广西初步建立了包括农村人口最低生活保障、新型农村社会养老保险、农村合作医疗等农村社会保障制度。2010 年开始，广西开始实施全面最低生活保障，110 万农户被确定为农村低保户，到 2014 年达到 146 万，区财政和地方财政分别按照 200 元和 40 元标准预算。2011 年广西共有 65 个县（市、区）列入国家新农保试点范围，占 103 个县（市、区）的 63%，参合人数为 3890 万人，平均参合率为 98.4%，筹资标准统一提高到不低于 230 元/人，预计筹集新农合基金 89 亿元。另外，由于农村社会保障体制的不健全以及缺乏有效的法律保障，使得农村社会保障工作缺乏监督，基金管理缺乏约束，在损害农民利益的同时，也大大削弱了农业资本积累、技术革新的实力，窒息了农业的发展后劲。因此，各级政府应加强农村社会保障制度的建设，建立适应各地农业经济发展、满足农民实际需要的农村社会保障体系。

第四章 新型农业公共服务
体系建设绩效评价

第一节 新型农业公共服务体系建设绩效评价概述

一、绩效评价的必要性

评估新型农业公共服务体系建设绩效提高农业公共服务体系建设效率和优化农业公共服务体系建设结构的重要手段，促进新型农业快速发展的重要措施。因此，评估新型农业公共服务体系建设绩效有如下几方面必要性：

（一）提高新型农业公共服务体系建设和管理效率

经过近几年的建设，取得了一系列成果，2010 年全国农机总动力达到 9.28 亿千瓦，农业科技进步贡献率达 52%，农村金融体系在改革创新中逐渐完善，农民文化素质总体水平有所提高，农民老龄化现状得到扭转，等等。然而，这是中央和地方政府大力财政投资所取得的；与欧美日等农业发达国家相比，财政资金的使用效率，新型农业公共服务体系运行效率和管理效率，都极为低下。评估新型农业公共服务体系建设效率，厘清建设障碍，控制财政投资规模，改善和创新建设和管理模式，提高运转和使用效率。

（二）优化新型农业公共服务体系建设结构

优化新型农业公共服务体系建设结构是新型农业的历史性特征需要。新型农业是农业现代化发展的阶段性产物，且在新型农业发展过程中，新型农业机体构成也是处在不断的变化之中的。建设新型农业公共服务体系是以推动新型农业发展为本质的，建设新型农业公共服务体系应以新型农业发展的路径为基础。评价新型农业公共服务体系建设绩效，以评价结果分析建设绩效的影响因素，通过比较分析评价结论与新型农业的发展过程，调整和优化新型农业公共服务体系建设的重点与次重点。

（三）实现新型农业公共服务体系供需均衡

推动新型农业发展的主体是农民，新型农业发展的进程归根结底看农民的积极性，农民的积极性来自于农业收入，农业生产直接决定农业收入的高低。农业生产效率和新型农业公共服务体系有正相关关系，即良好的公共服务体系提高农业产前、产中和产后各环节效率。如农业机械化直接提高农业生产效率，良好的农村道路直接提高农产品销售价格，现代化的农业信息设施直接影响农民生产经营决策，等等。因此，建设新型农业公共服务体系要以农民需要为基础，如果忽视农民的呼声，建设的农业公共服务体系将以失败而告终，如当前许多地方的水利设施建设。

（四）降低新型农业生产过程中的各种风险

之所以农业投资让市场主体望而生畏，归根结底是农业投资不仅会遭受生产风险和经营风险，而且会面临毁灭性自然风险。农业生产周期长，农业种植业周期一年，养殖业周期少则半年多则一年，畜牧业周期长达三年以上，而且在生产过程中会遇到病虫害、疫病疫情等，还会遇到强风暴雨等自然灾害，如1998年长江百年一遇的洪水。回避风险是市场经营的本性，而对于农民来说，投资农业是他们的唯一生存、发展途径。评价新型农业公共服务体系就是评价其建设好坏，完善新型农业公共服务体系帮助农民有效降低农业生产经营过程中的风险，减少损失。

（五）创新新型农业公共服务体系管理模式

上述分析了评价新型农业公共服务体系的本质作用，最终目的是改善和提高新型农业公共服务体系服务水平，破解建设中的难点问题，就是改革和创新现有管理模式。目前，我国不少地区的农业公共服务体系管理模式仍然沿用计划时期的"老一套"，所谓的"七站八所"，造成"人多事效低"。据相关学者研究，当前财政投资中，"七站八所"的人员的日常经费占农业公共服务体系财政投资比重的47.8%。由此看，农业公共服务体系的财政投资被地方局站所挪用了。当然，也有不少地区改革了现有管理模式，如广西就对"七站八所"进行了社会化改革，分流"七站八所"人员，将政府职能延伸的部分整编进入政府部门，将事业性部门整改进入市场，这种改革模式导致农业公共服务体系无法实现"最后一公里"。改革新型农业公共服务体系管理模式是必需的，如何改革创新？应以新型农业公共服务体系建设绩效评价结果和新型农业发展进行为依据，否则会带来灾难性损失。

二、绩效评价实施步骤

新型农业公共服务体系建设绩效评价实施步骤共四步：

第一步：梳理现有学者研究成果，分析各种绩效评价方法的适用条件和优缺点，结合新型农业公共服务体系建设的特征，确定绩效评估方法。

第二步：根据新型农业公共服务体系建设内容，确定绩效评价指导原则和绩效评价范畴，设计绩效评价的指标和指标体系。

第三步：根据选定的方法和设计的指标及指标体系，选定数据相关县市进行了调查，收集和处理数据，开展绩效评价，并进行结果比较分析。

第四步：针对绩效评价结果，结合广西新型农业公共服务体系建设现状进行讨论和分析。

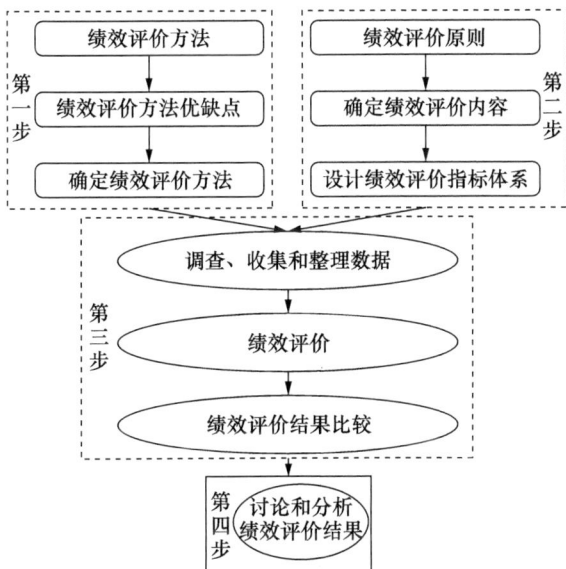

图4-1　新型农业公共服务体系建设评价绩效实施步骤

三、绩效评价模型方法

绩效评价方法有：数据包络分析法（DEA）、灰色关联分析法（GRA）、人工神经网络分析法（ANN）和模糊综合评价法（FCDP）等。

（一）数据包络分析法（DEA）

1978年，Charnes和Cooper等根据运筹学、管理科学和数理经济学等交叉学科的基本理论创建的根据数学规划模型评价的具有多个输入和多个输出的"部门"或"单位"。如下模型是数据包络分析法的拓展模型（DMA—DEA）：

$$
\text{GDEA} - \text{O} \begin{cases} \max z \\ X\lambda - x_0 \in V^*, \quad -Y\lambda + zy_0 \in U^* \\ \delta_1(e^T\lambda + \delta_2(-1)^{\delta_3}\lambda_{n+1}) = \delta_1 \\ \lambda \in -K^*, \quad \lambda_{n+1} \geq 0, \quad z \in E^1 \end{cases} ;
$$

$z_0 > 1$ 是 DEA 模型的效率指数，若效率指数保持不变，估计产出量 β_0，考虑多个目标，即：

$$
(VP)' \begin{cases} V - \max(\beta_1, \beta_2, \cdots, \beta_n) \\ X\lambda - \alpha_0 \in V^*, \quad -Y\lambda + z_0\beta \in U^* \\ \beta - y_0 \in -U^* \\ \delta_1(e^T\lambda + \delta_2(-1)^{\delta_3}\lambda_{n+1}) = \delta_1 \\ \lambda \in -K^*, \quad \lambda_{n+1} \geq 0 \end{cases}
$$

其中，$\beta = (\beta_1, \beta_2, \cdots, \beta_s)^T$；设 $\alpha_0 - x_0 \in -V^*$，$\beta_0 - y_0 \in -U^*$，那么，β_0 是多目标 $(VP)'$ 相对于 $\ln t U^*$ 的非支配解。

（二）灰色关联分析法（GRA）

灰色关联度分析法是以各种因素为样本数据用灰色关联度来描述因素关系强弱、大小和次序的方法。如果样本数据反映两因素变化态势基本一致，则关联度较大；反之，关联度小。

灰色关联度分析首先对原资料进行处理，求数学期望，$\bar{x} = \dfrac{1}{n}\sum_{i=1}^{n} x_i$；确定 x_i，$x_i = \bar{x}(1+20\%)$（$x_i > \bar{x}(1+20\%)$），$x_i = \bar{x}(1-20\%)$（$x_i > \bar{x}(1-20\%)$）。

然后构建 y 与 x 的矩阵，即：$(Y_0, x_1, x_2, \cdots, x_i) = \begin{pmatrix} Y_{01} & x_{11} & x_{i1} \\ \vdots & \vdots & \vdots \\ Y_{0k} & x_{1k} & x_{ik} \end{pmatrix}$，然后将

其进行无量纲转化，即：$(Y'_0, x'_1, x'_2, \cdots, x'_i) = \begin{pmatrix} Y'_{01} & x'_{11} & x'_{i1} \\ \vdots & \vdots & \vdots \\ Y'_{0k} & x'_{1k} & x'_{ik} \end{pmatrix}$，求序列

差，$\begin{pmatrix} \Delta_{01}(1) & \Delta_{11}(1) & \Delta_{i1}(1) \\ \vdots & \vdots & \vdots \\ \Delta_{0k}(m) & \Delta_{1k}(m) & \Delta_{ik}(m) \end{pmatrix}$。最后计算关联度系数，$\psi_{0i}(k) = $

$\dfrac{\Delta\min + \lambda\Delta\max}{\Delta_{0i}(k) + \lambda\Delta\max}$（$i = 1, 2, \cdots, n$；$\lambda$ 为分辨系数，一般为 0.5），求关联矩

$$\begin{pmatrix} \psi_{01}(1) & \psi_{11}(1) & \psi_{i1}(1) \\ \vdots & \vdots & \vdots \\ \psi_{0k}(m) & \psi_{1k}(m) & \psi_{ik}(m) \end{pmatrix}$$，再根据关联矩阵求关联系数：$\phi_{0i} =$

$\dfrac{1}{m}\displaystyle\sum_{k=1}^{m}\psi_{0i}(k)$，$i = 1,2,\cdots,n$。根据关联系数大小来进行绩效评价。

（三）人工神经网络分析法（ANN）

人工神经网络是模仿生物神经网络功能的经验模型。神经网络是由若干简单元件及其层次组织，以大规模并行连接方式构造而成的网络，按照生物神经网络类似的方式处理输入的信息。模仿生物神经网络而建立的人工神经网络，对输入信号有功能强大的反应和处理能力。

人工神经网络分析要确定输入层和隐含层数，其中隐含层用于分离输入信号，再组合出新的向量，如此速度较快，也可减少不必要的麻烦，如图 4 - 2 所示。

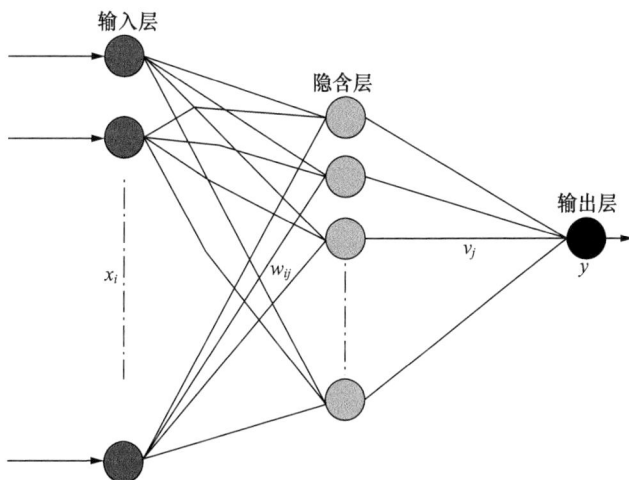

图 4 - 2　人工神经网络分析

在图 4 - 2 中，隐含层节点 j 由输入层个数 n 和输出层个数 m 确定，即 $j = \sqrt{n \times m}$。在神经网络学习算法中，实际输出信息 $y_j = \dfrac{1}{1 + e^{(-\sum w_{ij} \times x_i)}}$（$x_i$ 为输入评价指标信息）。将该值与计算输出进行比较，修正各层面的权数（w_{ij}）和阈值（v_j）；通过不断修正各层面的权数和阈值，知道输出结果与计算误差结果在允许误差范围内，以此进行绩效评价。

(四) 模糊综合评价法 (FCDP)

模糊综合评价法是以评价因素、因子评价等级标准和权值为基础，运用模糊集合变换原理，以隶属度描述各因素及因子的模糊界线，构造模糊评判矩阵，采用多层复合运算，确定评价对象所属等级。

在模糊综合评价法过程中，首先要确定样本指标 x_i 对 C_j 的隶属度 r_{ij} $(i=1,2,\cdots,m;\ j=1,2,\cdots,n)$，组织模糊评价矩阵 $R=\begin{bmatrix} r_{11} & r_{12} & \cdots & r_{1n} \\ r_{21} & r_{22} & \cdots & r_{2n} \\ \vdots & \vdots & \vdots & \vdots \\ r_{m1} & r_{m2} & \cdots & r_{mn} \end{bmatrix}$；其次确定指标 x_i 的权重 χ_m，确定权向量 $W=(w_1,w_2,w_3,\cdots,w_m)$，计算指标 x_i 的综合隶属度 $B=W\times R=(w_1,w_2,\cdots,w_m)\begin{bmatrix} r_{11} & r_{12} & \cdots & r_{1n} \\ r_{21} & r_{22} & \cdots & r_{2n} \\ \vdots & \vdots & \vdots & \vdots \\ r_{m1} & r_{m2} & \cdots & r_{mn} \end{bmatrix}=(b_1,b_2,\cdots,b_n)$，进而由此计算综合得分：$H=\sum_{j=1}^{n} jb_j$。

比较上述四种绩效评估方法，数据包络分析法、灰色关联分析法和模糊综合评价法缺乏自己学习能力，并且难以摆脱人为和随机性因素的影响。人工神经网络分析法除了模拟专家对高技术项目风险进行评价外，而且还可以避免评价过程中的人为失误，等等。总体上看，人工神经网络分析法具有如下几方面优势：一是样本数据分析结论的客观性和准确性。人工神经网络分析通过对比样本自我确定神经网络结构，按照最优训练法则反复迭代，持续对神经网络结构进行调整，直接达到一个相对稳定的状态。二是评价结果误差小。人工神经网络分析法能使评价结果达到任何要求精度，并且该结果有良好的收敛性。三是克服了其他绩效评价方法的静态性缺点。层次分析法、模糊综合评价法等方法都具有静态性特点，而人工神经网络分析法采用跌价跟进与参与评价样本数据的动态化比较方式进行跟踪评价。四是人工神经网络分析法采用非线性函数。人工神经网络分析采用更贴近于复杂的非线性动态经济系统，摆脱了古典经济学线性分析的基本方式，全面准确综合地反映样本数据的信息。

综上所述，本书绩效评价选择人工神经分析法评价广西新型农业公共服务体系建设的绩效。人工神经网络模型的算法有 BP 算法、遗传算法、模糊算法和 Powell，等等，经济领域常用 BP 算法。BP 人工神经网络是单向传播的多层前向神经网络；其中，网络层分为输入层、隐含层和输出层，输入和输出层各一层，中间层可一层或多层；每个神经元网络节点之间没有任何链接，节点间的传递函数通常采用 Sigmoid 函数。

第二节　新型农业公共服务体系建设绩效评价设计

一、绩效评价体系设计原则

新型农业公共服务体系绩效评价体系设计应遵循"简洁、客观、实际、稳定"的原则，该原则具体内容应包含如下几方面：

（一）成本效益原则

新型农业公共服务体系建设绩效评价应充分考虑评价指标资料的收集成本高低问题，即绩效评价价值和成本问题。如果绩效评价成本过高，导致资源浪费。

（二）相关性原则

相关性原则是指在新型农业公共服务体系建设绩效评价过程中，相关资料、数据收集和处理应与绩效评价相关，否则将会降低信息的价值，导致最终绩效评估出现偏差而引起新型农业公共服务体系建设结构发展变化，降低新型农业发展速度。在新型农业公共服务体系建设绩效评价过程中，在新型农业公共服务体系建设范畴内，收集、处理相关资料。

（三）可比性原则

绩效评价有滞后性，不管是采用统计数据还是采用调查数据，数据都是"过去式"数据，而这单一的某一时点某一区域内数据并不能说明建设绩效的高与低。如果把绩效评价结论与同区域不同时点或者同时点不同区域的绩效结果进行比较，则能从横纵两角度来回答本书研究的问题之一"新型农业公共服务体系建设绩效高与低"。然而，这内生要求新型农业公共服务体系建设绩效指标体系具有普适性，否则可比性失效。

（四）重要性原则

绩效评价要满足效益成本原则，在保证绩效评价结果高质量下，降低评价成本，唯一可行措施就是优化绩效评价指标。进一步说，指标选择和体系设计尽可能捕捉新型农业公共服务体系框架内所包含的内容，这就要求指标选择和体系设计具有重要性。否则，会提高绩效评价成本，也可能降低绩效评价结果的精准度。

（五）精确性原则

所谓精确性原则要求绩效评价结果的误差尽可能小，否则造成建设相关决策失误。在绩效评价过程中，降低绩效评价结果的途径有二：一是尽可能地使用统计年鉴和调查收集的原始数据;二是尽可能缩小绩效评价指标体系的层次。

（六）可操作性原则

可操作性原则是指绩效评价可行性。绩效评价可行性包括:一是数据可得性;二是绩效评价方式的可行性。绩效评价是在定性分析的基础上设计指标和指标体系,然后以指标为依据,获取相关数据资料。如果数据资料不容易获得或者无法获得,那么绩效评价就无从谈起。而按照指标收集数据后,如果不借助DEA、SPSS、SAA等软件,绩效评价的难度可想而知。因此,指标设计和评价方式是绩效评价顺利进行的基础。

（七）不相容原则

不相容原则是绩效评价指标所捕捉的信息不具有重叠性。指标和指标体系的设计要遵从成本效益原则、精准性原则等,如果设计的指标所包含的信息重叠,数据资料收集过程中会付出更多的成本。

二、绩效评价体系设计依据

建设农业公共服务体系的目的有:一是推动新型农业快速发展;二是促进农业市场快速发育;三是推动农业可持续发展;而本质目的则是促进农民可持续增收。

新型农业公共服务体系由六大子体系构成,与传统农业公共服务体系的本质区别在于"现代性"。建设农业市场服务体系,推动农业市场发育,切实保障农民权益;建设农村金融服务体系,突破农业生产资金障碍,提高农村金融输血功能;建设农业保障服务体系,推动农业集中和规模化经营,提高农业范围经济作用;建设农业生产服务体系,降低农业生产风险,稳定农产品产量,确保粮食安全;建设农业科技服务体系,可以改善农业生产方式,提高农产品产量,提升农业生产资源的利用水平;建设农业发展服务体系,推动农业机械化普及,提升现代科技对农业发展的武装作用。

建设好新型农业公共服务体系是实现新型农业"跨越式"发展的必要条件。绩效评价在保证新型农业公共服务体系建设质量的同时,必须控制建设资源的使用效率和利用效率。

我国还属于发展中国家,经济社会发展依赖于政府引动和推动,尽管财政收入突破万亿元,但对于13亿人的发展中国家,需要建设的地方和区域太多。如中西部发展失衡,需要国家给予财政支撑和政策倾斜;城乡居民收入差距日益扩大,需要政府动用税收给予调节;推动县域经济发展,缩小城乡差距,建设城乡一体化,需要各级政府投入,等等。换句话说就是"蛋糕小,吃的人多","开源节流"是绩效评价内生要求。

三、绩效评价体系设计框架

根据本章第一节所选择的方法、原则、依据和政府建设新型农业及建设农业公共服务体系重点，设计指标体系，具体指标如表4-1所示。

表4-1　新型农业公共服务体系建设绩效评价指标体系

序号	指标分类	序号	指标名称	单位
1	农业生产服务体系建设指标	1	农村非农产业劳动力所占比重	%
		2	农村道路修茸、修缮和新修增长率	%
		3	有效灌溉面积占耕地面积比重	%
		4	农地平整规模	平方米
		5	农产品生产基地建设规模	平方米
2	农村金融服务体系建设指标	6	金融机构网点增长率	%
		7	农业贷款占总贷款比重	%
		8	农业贷款品种	%
3	农业科技服务体系建设指标	9	机械普及率	%
		10	科技转化率	%
		11	农业推广基层网点	%
		12	农业信息化入户率	%
4	农业发展服务体系建设指标	13	大专以上学历所占比重	%
		14	劳动力身体健康比重	%
		15	生态财政支出占农业财政支出的比重	%
		16	获一次培训劳动力所占比重	%
		17	农业劳动力20~35岁所占比重	%
5	农业保障服务体系建设指标	18	农村养老保险覆盖率	%
		19	农村医疗保险覆盖率	%
		20	农业失业保险覆盖率	%
		21	农村最低生活保障人群比重	%
		22	气象保障覆盖建设力度	%
		23	防灾减灾和灾后救灾救助覆盖率	%
6	农业市场服务体系建设指标	24	农产品价格指数波动幅度	%
		25	农产品认证总面积	平方米
		26	农资质检次数	次
		27	农产品销售场所建设规模	平方米
		28	农产品品牌建设总数	个

第三节　新型农业公共服务体系建设绩效评价

一、人工神经网络模型网络层

（一）确定网络层

国外学者 20 世纪就已经证明任何一个连续函数可以用 1 个 3 层的 BP 网络趋近，换句话说，3 层网络可以完成任意维数的函数映射，根据本章第二节新型农业公共服务体系建设指标体系构成，其建设绩效评价也设计为 3 层，即一个输入层、一个输出层和一个隐含层。

（二）网络输出形式

新型农业公共服务体系建设绩效评价指标 28 项作为 BP 人工神经网络输入层，具体如表 4 - 2 所示。所采集的 13 个样本数据中 5 个样本作为测试样本，该网络输出层设计为 1 个节点。

表 4 - 2　人工神经网络模型输入层变量设置

指标名称	样本设置	备注
农村非农产业劳动力所占比重	X_1	
农村道路修葺、修缮和新修增长率	X_2	
有效灌溉面积占耕地面积比重	X_3	
农地平整规模	X_4	
农产品生产基地建设规模	X_5	
金融机构网点增长率	X_6	
农业贷款占总贷款比重	X_7	
农业贷款品种	X_8	
机械普及率	X_9	
科技转化率	X_{10}	
农业推广基层网点	X_{11}	
农业信息化入户率	X_{12}	
大专以上学历所占比重	X_{13}	
劳动力身体健康比重	X_{14}	
生态财政支出占农业财政支出的比重	X_{15}	

指标名称	样本设置	备注
获一次培训劳动力所占比重	X_{16}	
农业劳动力 20~35 岁所占比重	X_{17}	
农村养老保险覆盖率	X_{18}	
农村医疗保险覆盖率	X_{19}	
农业失业保险覆盖率	X_{20}	
农村最低生活保障人群比重	X_{21}	
气象保障覆盖建设力度	X_{22}	
防灾减灾和灾后救灾救助覆盖率	X_{23}	
农产品价格指数波动幅度	X_{24}	
农产品认证总面积	X_{25}	
农资质检次数	X_{26}	
农产品销售场所建设规模	X_{27}	
农产品品牌建设总数	X_{28}	

注：表中"绝对数据"和"相对数"指标分别采用公式（1）和公式（2）进行无量纲化处理，其中 M_i 和 m_i 分别是 x_i 的 max 和 mix：

$$(1)\ \chi_i = \begin{cases} 1 & (x_i \leqslant m_i) \\ \dfrac{M_i - x_i}{M_i - m_i} & (m_i < x_i < M_i) \\ 0 & (M_i \leqslant x_i) \end{cases} ; \quad (2)\ \chi_i = \begin{cases} 1 & (x_i \geqslant m_i) \\ \dfrac{x_i - m_i}{M_i - m_i} & (m_i > x_i > M_i) \\ 0 & (M_i \geqslant x_i) \end{cases}$$

（三）设置隐含层节点

BP 人工神经网络模型中的隐含层不仅关系输出层结果的精确度。本书研究参考了严太山教授的经验公式法。他认为最佳隐含层节点数量与输入输出层以及样本数量有直接关系，经过多次试验得出了最佳隐含层节点数量计算公式。

$$N_H = \sqrt{N_i \times N_o} + \frac{N_p}{2}$$

式中，N_H 为最佳隐含层节点数，N_i 为输入层节点数，N_o 为输出层节点数，N_p 为学习样本数。根据上式，$N_H = \sqrt{5 \times 1} + \dfrac{8}{2} = 2.25 + 4 \approx 7$，确定 BP 人工神经网络拓扑结果。

二、人工神经网络绩效评价步骤

Step1——网络初始设置。赋予各节点连接权数 W_{ij} 和神经元阈值 v_j 较小随机值。

Step2——设计输入变量和输出变量。确定 p 个学习样本的输入向量 x_p 和期望输出变量 y_p $(p = 1, 2, 3, \cdots, p)$： $x_p^T = (X_1, X_2, \cdots, X_n)^T$， $y_p^T = (Y_1, Y_2, \cdots, Y_n)^T$。

Step3——计算和输出实际各神经元值。根据 Sigmoid 函数计算来自输入层信息 $(x_1, x_2, \cdots, x_n)$ 的输出信息，Sigmoid 函数 $f(x_i) = \dfrac{1}{1 + \exp(-\sum\limits_{i=1}^{n} W_{ij}x_i - v_j)}$。

式中，n 是节点 j 的输入节点数；x_i 是第 i 个输入节点的输出值；W_{ij} 是第 i 个输入节点到节点 j 的权重，v_j 表示第 i 个神经元的阈值。

Step4——优化输入层、输出层和隐含层的权重。

$W_{ij}(t + 1) = W_{ij}(t) + \eta\delta_j x_i + \alpha [W_{ij}(t) - W_{ik}(t - 1)]$ 式中，W_{ij} 是 $t - 1$ 层节点 i 到节点 j 的连接权重和阈值；x_i 是节点 i 的输出，η $(0 < \eta < 1)$ 是学习系数，α $(0 < \alpha < 1)$ 是权重调整参数。$\delta_j (\delta_j = x_j(1 - x_j)\sum\limits_{i=0}^{m} W_{ij})$ 是偏差系数，x_j 是节点 j 的实际输出值，m 是节点 j 输出的节点数。根据上述连接函数和节点，输入层向输出层传播，并不断调整权重和阈值，逐渐降低误差信号。

Step5——返回 Step2 进行迭代。在迭代过程中，期望值与实际输出值小于某一误差值，网络学习停止，绩效评价模型建立。

三、人工神经网络模型绩效评价

运用 Matlab6.0 软件，将 6 个测试样本输入和输出矩阵 X 和 s 导入 BP 人工神经网络模型，设置参数：net1. trainParam. show. = 60，两次显示叠加 50 次；net 1. trainParam. Ir = 0.04，网络学习率为 0.04；net1. trainParam. mc. = 0.8，冲量系数为 0.8；net1. trainParam. epochs = 6000，最大训练次数 6000 次；net1. train-Param. goal = le − 3，收敛界定误差为 0.0001。按照该参数进行开始 BP 人工神经网络模型进行训练，经过 3712 次训练后，网络收敛，最后的方差为 9.6973E − 004。

为保证训练要求，取 5 个测试样本进行测试，结果如下，5 个测试样本的误差绝对值均小于 2%，符合绩效评价精确度要求。

通过对广西 13 个县市调研，搜集到广西新型农业公共服务建设绩效评价的 28 项指标，标准化处理后采用 BP 人工神经网络模型进行绩效评价结果为 S = 0.35。

表4－3　BP人工神经网络模型测试结果

序号	真实值	仿真值	误差
1	0.89	0.87	2%
2	0.92	0.91	1%
3	0.84	0.83	1%
4	0.73	0.74	1%
5	0.81	0.83	2%

四、人工神经网络模型绩效分析

从结果看，广西新型农业公共服务体系建设绩效较低［$S = 0.35 < 0.5$（通常认为高于 0.5 为优）］，主要原因如下：

（一）地理位置差异导致科技推广普及率低

科技推广因地而异，如日本人多地少，普及小型机械化，欧美人少地多，普及大型机械化，以此改革生产方式，提高生产效率。然而小型机械化和大型机械化所显示的生产效率存在差距，前者生产效率小于后者。山区则只能推广小型农机，而且不同山区普及机械化存在较大差距。因此，大小型农机推广的难度不同，农业机械化普及率存在差距。

除了地理位置外，气候也会影响农业技术普及。气候是特殊区域特有的，该区域种植农作物和养殖畜牧业品种必须与该区域的气候环境相吻合，否则会影响生产效率，甚至会带来严重的生产损失。农业科技创新和推广是两件事，科技创新不一定能够推广，创新科技能够得以顺利推广必须符合特定气候环境。山区对农业科技创新和推广的难度较大。

此外，山区土地零碎化，尽管当前政府推动土地规模化经营，但是调查的山区县市最大的集中经营土地面积也就 25 亩。农业机械化只有和土地集中经营才能提高生产效率。以此看，山区农业生产效率较低。

（二）农户老年化导致新型农业生产效率低

20 世纪 90 年代以来，农村剩余劳动力流动到城市，贡献工业。而到 20 世纪末期，由于城市工资相对高于农村，造成了供需平衡的农业从业劳动者流动到城市，使得农业劳动者不仅缺乏，而且存在逐渐老年化趋势。如表 4－4，从年龄结构看，46 岁以上居多，占调查人口比重 84.8%；从性比比例看，女性居多，占调查人口的比重 67.87%。农业劳动力老年化和女性化暗含身体素质差和文化素质低。表 4－4 显示，带病农民占比 73.88%。而文化素质低常常意味着思维僵化、生产生活观念保守，进而无法在短时间内随着新生事物的诞生而改变，由此导致农地集中经营水平和农业规模水平低下，先进农业技术和先进的管理模式无法与传统农业融合，改变传统农业生产方式，推动新型农业发展。从表4－4看，调查结果与上述分析结论相同。当前农民学历总体水平低下，大专及大专以上的占5.4%；在农业技术培训中，接受4次以上的农民所占比重为4.37%；生产规模面积100亩以上占1.92%。

表4－4　调查县市农民素质现状

调查项目		具体项目比重（%）	调查项目		具体项目比重（%）
性别	男	32.13	农民学历	高中	10.45
	女	67.87		大专	4.26
年龄结构	18～25 岁	4.74		本科及以上	1.14
	26～45 岁	10.46	技术培训	年0次	21.98
	46～60 岁	40.17		年1次	33.52
	60 岁以上	44.63		年2次	27.76
身体现状	健康	6.01		年3次	12.37
	一般	20.11		年4次及以上	4.37
	少病	27.01	生产规模	10亩及以下	34.63
	多病	46.87		11～50 亩	40.19
农民学历	小学及以下	47.34		51～100 亩	23.26
	初中	36.81		101 亩以上	1.92

（三）农资价格上涨导致农民投资力度减弱

学界统一认为农民收入获得增长，调查结果与此观点相吻合。但增长原因与学界相悖。调查区域内农民投资积极性存在不同程度下降，农业生产发挥保障性作用，即失业、下岗后维持最低生活的重要手段。以此看，农民收入增长来源于非农业收入，换句话说就是农业收入降低了。

农业纯收入水平的降低主要归因于如下两方面原因：一是农资价格上涨。改革开放以来，我国物价水平总体上趋于稳定，但是农资和农产品价格一直存在较强的上涨趋势，其中有国家促进农民增长的原因。农民纯收入是农产品收入与农资支出之差，图4－3（a）显示农资价格与农产品价格上涨存在两个阶段，第一阶段农资价格上涨幅度小于农产品价格上涨幅度；第二阶段是农资价格上涨幅度大于农产品价格上涨幅度，两阶段分界年限是2012年。因此，第一阶段是农民农业收入增加阶段，第二阶段是农民农业收入降低阶段。二是居民恩格尔系数下降。居民恩格尔系数下降表示居民的日常消费品占收入的比例逐渐下降，农产品包含其中，即农产品消费逐渐下降。从总供给和总需求比较看，短时间内农产品存在供给大于需求的局面，造成农产品价格下降，农民减收，农业投资和生产积极性下降。

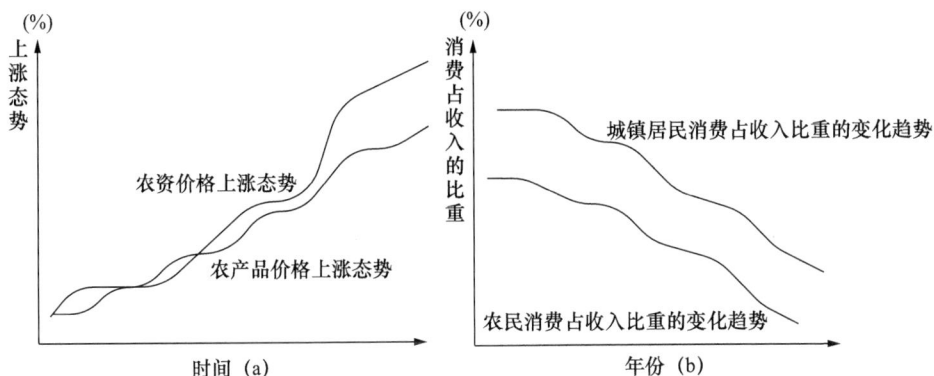

图4-3　（a）农产品和农资价格上涨趋势与（b）居民恩格尔系数变化

（四）农民保障机制缺失农地流转进程缓慢

耕地除了农业生产外，还有另外一大功能：保障功能。调查统计，53%受调查人员说：家庭总的收入还可以，都是孩子们外出打工所获，如果一旦失业和下岗，没有家里几分地，孩子们回家就得啃老本；家里的农地虽然不多，除了孙子们的生活开销外，还略有结余，孩子们回家的时候就不用他们花钱，他们赚的钱就是纯收入了。27%的受调查人员说：农田就是自己的家当，家族祖祖辈辈在农田上干活，家里的主要收入来自于农业，没有了土地，生活将不堪设想。该类农户在农村收入一般属于低下水平，家庭成员学历低，外出打工人数少的缘故。其他农户有的是孤寡老人，有的是与子女单独生活，几分农地基本上是他们生活的主要支柱。由调查看，农田所扮演的角色已经发生了根本性变化。健全包含农村养老、保障、失业等保障制度，无疑会推动农业生产集中和规划化水平的进一步提高。

（五）农业生态环境恶化导致农产品质量差

长期以来，不仅是农业生态环境，而且整个居民生活生态环境都出现恶化的局面。从某种程度来说归咎于政府重视工业忽视环保的必然结果。当前之所以开始重视农业生产环境，是因为市场外逼机制所迫。图4-3（b）显示，我国城镇居民和农村居民的恩格尔系数逐年出现下降趋势，同时开始追求高质量的生活。这就预示着居民生活偏好已经转变了，生活偏好的转变形成了生活产品市场需求，如市民开始忽视价格因素，而购买有机、绿色农产品。有机、绿色农产品价格高于一般农产品好几倍，质量是关键，而质量来源农业生态环境。农民大部分具有短视行为，看到有机、绿色农产品价格高，就一味追求产量，大量使用尿素等化学农用产品，而造成质量下降。

按照国家经济规划，广西早期为了解决全国人口的温饱问题，一度提高农产品产量，造成农业生态环境每况愈下，进而影响农产品质量。在消费者消费偏好转变之下，迅速改善农业生态环境，重获市场是广西新型农业发展过程中必然选择的路径。

第五章 新型农业公共服务体系
建设影响因素分析

第一节 影响因素技术测度模型与选择

一、影响因素技术测度模型

经济学领域影响因素研究是分析研究对象的基础内容，随着计量经济学和统计学与经济学融合以及统计软件的诞生，使得定量分析成为经济学分析研究的基本工具。图 5-1 是我国经济学领域采用定量分析研究所用的模型分布现状。从中可以看出，传统 C-D 模型、Logit 模型和 Probit 模型是定量研究主流模型，当前国际上流行的空间计量模型、随机前沿函数等方法由于国内学者数理功底欠缺而无法通用。

空间计量模型、随机前沿模型和多层线性模型与传统模型分析的区别在于前者能够从微观和宏观两层面整体揭示经济现象的本质和变动规律，而后者则往往只能从微观或者从宏观单一层面分析问题，要么忽视内生因素的短期变动行为，要么忽视外生因素的长期变化行为，或者从中割裂经济运动规律。如由英国伦敦大学的 Harvey Goldstein 教授研究的多层线性模型打破了计量经济学经典假设之一——所有样本数据的"同一性"假设。在实际研究中，尤其经济学领域，通过各种方式获取的数据处在不同的经济环境中，假设不同环境的样本数据具有"同一性"，这毫无疑问会夸大样本数据的影响。多层线性模型将不同环境中的样本数据分解为组间效应和组内效应，即所谓的"组内分析组间分析"（Wituhin Analysis Between Analysis，WABA）。该方法假设两样本 X 和 Y 都镶嵌在自然存在组，分别计算组间相关和组内相关系数，即 Fisher Z 分数。结合本章研究，新型农业公共服务体系建设既有一般性影响，又有其特殊性影响。如山区和平原地区的建设力度和投资力度都存在差异，且地理和气候的差异导致农业公共服务类别不同。若采用表5-1所列示的基本模型，显然无法实现本章的分析要求。因此，唯有选择双层线性模型才能实现上述分析要求。

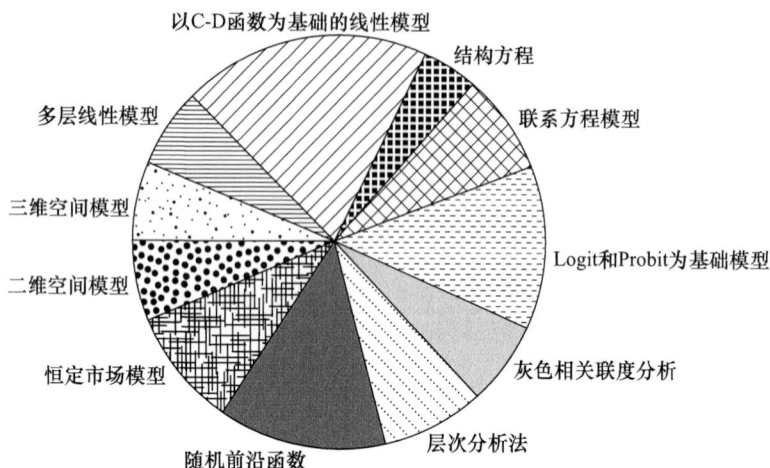

图5-1　经济学领域影响因素主要分析模型

表5-1　农业领域内影响因素识别模型

作者	研究内容	研究模型
田新翠，白宪生	农村剩余劳动力	Logit 模型
徐颖科，刘海庆	农村居民健康影响因素	Grossman 健康生产函数、VAR 模型和分布滞后模型
柏振忠，王红玲	农地流转	固定效应 Logit 模型和 Tobit 模型
王玺	苹果种植农户影响因素	随机前沿函数和二次分析法
朱红根，翁贞林	农户稻作经营代际传递意愿的影响因素	多元有序 Logistic 模型
巩前文，张俊飚，李瑾	农户生产施肥决策影响因素	Logit 决策模型
王冉，盛来	城市农民工社会保障影响因素	Probit 模型
薛风平，王义	社区农户参与政治意愿的影响因素	结构方程模型
孔祥智，庞晓鹏，张云华	农户小麦生产影响因素	扩展的 C-D 生产函数
韦吉飞，李录堂	农户创业认知影响因素	Probit 离散模型
张庆佳，郑庆昌	农村中小企业信贷影响因素	多元线性回归模型
肖云，林子琪	农民城市化的县市状况和影响因素	二项 Logistic 模型

作者	研究内容	研究模型
郭淑敏，马帅，陈印军	影响粮食产量的相关因素	灰色关联度分析法
茵雯奕，周博，张卫建	影响农户秸秆还田的因素	Logistic 模型
杨莲娜	中国水产品出口影响因素	恒定市场份额模型
黄四海	返乡农民工外出务工意愿及影响因素	Logit 模型
唐宏，张新焕，杨德刚	农户移民意愿与留居意愿的主要影响因素	Logistic 模型

二、影响因素测度模型选择

由英国伦敦大学的 Harvey Goldstein 教授研究的双层线性模型基本形式包括以下公式：

$$Y_{ij} = \beta_{0j} + \beta_{1j}X_{ij} + r_{ij}$$

$$\beta_{0j} = r_{00} + \mu_{0j}$$

$$\beta_{1j} = r_{10} + \mu_{1j}$$

$$Y_{ij} = r_{00} + r_{10}X_{ij} + \mu_{0j} + \mu_{1j}X_{ij} + r_{ij}$$

其中，X_{ij} 是第一层预测变量，Y_{ij} 是因变量；β_{0j} 和 β_{1j} 为参数；下标 i 代表第一层单元；下标 j 代表第一层个体所隶属的第二层单元；r_{00} 和 r_{10} 分别是 β_{0j} 和 β_{1j} 的平均值；μ_{0j} 和 μ_{1j} 分别是 β_{0j} 和 β_{1j} 的随机成分，代表第二层单位的变异程度。

上述基础模型的第二层尚未引入预测变量，为了检测第二层变量对因变量是否存在影响以及影响程度的大小，在上述多层线性模型的基础形式上引入第二层变量，具体形式如下：

$$Y_{ij} = \beta_{0j} + \beta_{1j}X_{ij} + r_{ij}$$

$$\beta_{0i} = r_{00} + r_{01}N_{1j} + \mu_{0j}$$

$$\beta_{1j} = r_{10} + r_{11}N_{1j} + \mu_{1j}$$

上述模型中，其他的参数和变量及下标表示不变，N_{ij} 表示第二层变量。

第二节 变量设计、数据处理与统计描述

一、变量设计

（一）因变量

从 2004 年到 2010 年，中央政府出台了 10 个关于促进农业发展和解决"三

农"矛盾的中央一号文件，直指农户增收问题。尽管 2011 年出台关于建设农业水利问题的中央一号文件的目的是促进新型农业发展，但是根本目的还是促进农户农业增收。从学界研究对象看，研究对象有：农业总产值或总产值增长率、农民收入增长水平、农业财政投资总额或增长率等。

绝对数指标农业总产值纵然可以从宏观上衡量农业经济发展程度，但是对于拥有山区、平原和丘陵的大国来讲，会出现横向不平衡，而且还忽视了用于发展农业的单位资源所获得成绩。如我国东部沿海地区农业发展现状远高于中西部地区，而且东部地区使用现代科技武装农业，而使农业增长率使用的资源远小于中西部地区。农业总产值增长率、农业收入增长水平等指标虽然克服了农业经济相对增长的缺点，但仍然无法反映农业资源使用现状和效率。因此，本书因变量设置为农业收入占比。

农户农业收入占比这一指标反映了两层含义：第一层是农户收入现状。众多学者的研究成果认为在中央和地方两级政府的努力下，农户收入获得了可持续增长。从农户收入增长实情看，这确实是不争的事实。第二层是农业发展现状。农户农业收入以农户为微观切入视角，反映农业收入现状，然而这包含了农业宏观经济发展现状。而这除了农户本身影响因素外，还包括政府政策和投入等。这也是本研究选择双层线性模型的又一原因。

（二）预测变量

表 5-2 是预测变量具体设计。按照模型要求，预测变量包含两层，第一层是农户层面，该层面变量主要是影响因变量的农户自身因素。第二层是县域层面变量。新型农业公共服务体系以县域为单位推进，而且各县市所在的地理位置和气候千差万别，这些因素间接影响农户收入。所以以县域层面变量为第二层，能客观真实地反映新型农业公共服务体系的建设现状以及对农业发展的影响程度。

表 5-2　影响因素变量设计

模型层面	预测变量	变量设置
第一层预测变量	人力资本指数	X_{11}
	家庭年龄结构	X_{12}
	健康指数	X_{13}
	农业生产投资比	X_{14}
	农地零碎化指数	X_{15}
	机械化指数	X_{16}
	农业技术培训频率	X_{17}
	灾害性指数	X_{18}

模型层面	预测变量	变量设置
第二层预测变量	农产品商品化率	X_{21}
	农产品认证指数	X_{22}
	农产品基地面积	X_{23}
	农资安全系数	X_{24}
	农业信贷比	X_{25}
	信息化普及率	X_{26}
	农业技术推广基层网点	X_{27}
	生态环境指数	X_{28}

1. 预测变量第一层

人力资本指数（X_{11}）是指农户家庭教育平均年限。新型农业和传统农业的显著性区别是科技普及和推广程度。在传统农业发展的既定路径下和资源约束瓶颈下，工业文明科技武装农业，面上拓展和重组农业资源，建造了农业与工业的衔接"桥梁"，本质上提高资源利用效率。而现代科技需要具备一定文化知识的劳动力才能驾驭。20 世纪 90 年代，工业的发展和户籍制度的松动成功实现了农业剩余劳动力的转移；然而，当前农村劳动力由转移变成了"迁移"，尤其是农村高学历人才，这要归功于工业工资相对优势，导致了当前农业技术推广和普及缓慢。

家庭年龄结构（X_{12}）是 50 岁之上劳动者人数与之下劳动者人数的比值。虽然科技推广和普及大大降低了农业劳动强度，不少学者通过实证分析传统农业和新型农业生产周期以及生产周期内的农户劳动时间证明该论断。但农业劳动强度应分两方面看：一是绝对劳动强度，前者论述为农业绝对劳动强度。纵观农业发展历史长河，我们发现传统农业劳动离不开中青年劳动者，如美国早期农业拓荒，韩国早期农业犁地，等等。这说明与其他行业相比，农业劳动强度较高。二是相对劳动强度。欧美日三国新型农业证明：利用现代科技武装农业，不仅降低了劳动强度，而且改变了农业资源使用和管理效率。然而，尽管如此，相对其他行业，农业劳动强度依然较高。这说明农业劳动者需要一定的体力支撑。广西是劳动力输送大省。当前劳动力的"迁移"造成农业劳动力存在"993861"现状，即农业劳动者出现老龄化趋势。

健康指数（X_{13}）是指家庭中农业劳动者身体状况，该指标间接描述农户家庭负担。通过走访农户，我们发现农户生产投资瓶颈来自于两方面：一是医疗负担；二是孩子学费。医疗负担是农户致贫的关键因素。据调查数据显示，天门调查的 20 户贫困家庭中，有 19 户因病致贫。在面对面访谈中，农户说："农村人得病很少进医院，如感冒等小病就躺在床上休息；上医院的基本上都是绝症，上医院就等于贫穷。"可见尽管实施了家庭合作医疗，看病难看病贵的现状依然没有得到解决。因教致贫随着九年义务教育的全面实施短期内得以解决，然而新的困难又摆在农户眼前。以前一村一学校，而现在一镇一学校，即所有孩子都要到镇上小学读书。尽管孩子的学费等减免了，但是孩子上学路费、学校餐饮费等支付使得家庭负担增加。由此看，过重的家庭负担使得农户生产投资锐减。

农业生产投资比（X_{14}）是衡量农业生产投资对农业收入和农业从业者重视科技的重要指标。上述列举了家庭教育和医疗负担是农户致贫的关键因素，如果农业是农户主要收入来源，而农户又因家庭教育或者医疗负担而致贫，说明农业收入占农户主要收入的比重较大，反之亦反。该论断从一个方面印证了多元化收入渠道可以提高农户收入观点；由此可以判定，收入单一的农户主要以农业生产为主，农业生产对该农户的消费生活的重要性不言而喻。

农地零碎化指数（X_{15}）是衡量农地集中经营和规模化，评价农业部门土地政策实施绩效关键指标。农地规模化经营是大势所趋，欧美日农业现代化国际经验已经说明了新型农业要优先农地规模经营。我国 2005 年开始推广农地规模化经营，这是新型农业发展的必经阶段。中央政府也为此出台了相关政策来解决当前农地流转中的矛盾，以促进农地流转，土地集中经营，由此推动农地机械化和现代化，实现传统农业向新型农业跨越式发展。农地零碎化指数衡量了当前农地流转规模，该指数越小，农地集中经营程度越高；反之，则集中经营程度越低。

机械化指数（X_{16}）是指农户生产规模中实现机械化生产的比例。农地实现了集中经营并不一定实现了机械化。实现农业机械化是一项系统工程，并且有多种路径可走。如美国实现了农业机械化合作社，为农场主提供农业生产辅助；日本实现农业小型机械化入户。农业机械化指数包含了以上两方面内容。对于农业生产大户，如果由于资金、技术、年龄等问题，可以将农田耕作、农产品收割等环节外包给农业合作社；对于自留地有限，又有闲余资金的农户可以购买各种农业机械为其他农户提供生产帮助。

农业技术培训频率（X_{17}）是指农户家庭成员年接受政府农业技术培训的次数。技术培训是广西推动农业技术普及的一种常规模式。如果按照现有农户文化程度和年龄结构来提高农户素质，这无疑是一项浩大的工程，实施周期长，效果如何尚还未知。政府组织和财政支持，高职院校负责技术培训可以在短时间内达到立竿见影的效果。引入交易成本理论，政府采用这种模式降低了政治成本，获得政治利益和降低政治成本的"双赢"局面。

灾害性指数（X_{18}）是指因暴雨、洪涝、冰雹等自然灾害造成农业减产造成的损失。随着生态恶化，自然灾害越来越频繁。自然灾害对农业生产损失规模大，不可恢复，可能造成农户生产破产。建立完善的农业生产保障制度为农户解除了后顾之忧。

2. 预测变量第二层

农产品商品化率（X_{21}）是指上市交易农产品比重，该指标反映了农业市场发达程度。从农产品交易市场看，农产品批发市场、农产品菜市场属传统交易市场；随之超市以及农产品生鲜市场逐渐进入消费者视线。收入提高和生活观念的改变，居民逐渐将超市和农产品生鲜市场纳入了农产品主要买方市场。而这主要得益于农产品质量认证体系的规范和农产品质量监督体系的建立。为了提高农产品质量，保障居民生活消费安全，我国制订了包括有机、绿色和无机农产品认证追踪制度，消费者可以根据农产品上的防伪标签查询农产品生产地等相关方面的信息。此外，农产品期货交易市场也得到了发展，当前我国大豆、油脂等大宗农产品交易已实现了期货交易。农产品期货市场发展从侧面反映了投资者对市场风险的认识和控制，投资者可以通过期货订单采取近期和远期交易以及多种期货订单重组降低市场风险对农产品市场价格影响所带来的损失。

农产品认证指数（X_{22}）指获得有机、绿色和无机农产品种植面积占县市农地总面积的比重。据如上阐述，农产品认证指数越大，说明本县市农业市场销售现状越好，也即农户收入越高。除此之外，该指标也反映了该县市农业生态现状。对于广西来讲，除了相关地级市和少数县级市发展工业经济外，绝大多数县市以农业经济为主。按照传统农业粗放式发展路径，农业资源无法实现可持续发展，顺此路径，县域经济发展迟早会落入永久性的衰退。科技固然重要，然而科技却无法给现代人带来生活上的安全感，推动县域经济发展的唯一途径，是走生态之路，将农业生产拉入绿色循环之路。

农产品基地面积（X_{23}）是指规划中县域农产品基地建设面积。我国建设的农产品基地以大宗农产品为主，目的是保证基本农产品的供给，调控农产品价格水平，提升农产品产业化水平。当前广西建设的多个农产品基地获得了质量认证。而这些基地建设规模远小于上述地区种植、养殖的实际规模。国家建设农产品基地周期长，不论是农产品质量还是农产品总量都具有一定的稳定性。从调查实情看，农产品基地周围聚集着农产品大型加工企业是不争的事实。从经济学角度讲，生产—加工—销售一体化必然会降低农产品企业交易成本，提高企业利润空间，因而提升企业市场竞争力。这凸显了农产品基地建设的产业聚集作用，而此又会带动基地周边相关产业发展。

农资安全系数（X_{24}）是指农资抽样检查合格率。农资指包括薄膜、肥料、种子等在内的农业生产"必需品"。而农资安全服务建设包含两大内容：一是农资市场价格。农资市场价格由物价局稽查。中央政府为降低农户农业生产成本，建立了财政补贴服务体系。调控农资市场价格就等价于变相增加农户农业收入。二是农资质量监督。农资质量问题不仅是降低农户收入问题，更严重的是对农业生态环境造成一定程度的污染。如低劣的农药不仅影响农业生产，而且造成人畜中毒以及农业生态污染。

农业信贷比（X_{25}）是指县市金融机构农业信贷年末余额占总贷款额度的比例。目前农业产生了质变过程，20世纪90年代的农业生产以小规模为主，农户农地有限，家庭投资额度有限，农业为工业提供了丰裕的原材料和资金。而当前，随着农地流转规模的扩大，依靠农户原始积累无法实现大规模投资生产，门槛高、贷款条件苛刻、信息不对称以及金融市场取向等导致正规金融网点收缩，为草根金融发展提供了机遇。然而后者信贷总量有限，贷款成本偏高，尽管拥有信息优势，但经营风险高。基于此，中央政府改革农村金融，要求传统农村金融功能回归，控制新建农村金融业务，提高农村金融体系的农业"输血"功能。金融机构农业信贷比不仅反映了农村金融机构服务能力提高，而且衡量了当前农业发展的规模。

信息化普及率（X_{26}）是指调查农户使用数字机顶盒的比重。信息化是新型农业一个明显标志。普及信息化为农户及时提供农产品市场信息、农业生产先进技术、农资市场价格等各种信息。如果信息不对称或信息盲区或信息滞后，将导致农户生产决策失误，而影响农产品市场供给现状进而导致农产品价格下滑。近年来，广西大力建设农业信息化，推动数字电视，利用数字机顶盒24小时时段播报相关农业信息。从调查数据看，与传统农业生产相比，当前农户对农业生产技术、农产品价格信息等丰富多了。

农业技术推广基层网点（X_{27}）是指贴近农业生产的科技人员技术指导站点，如农技站。农业技术的实践性较强，除了网络外，专家和科技人员下基层在农业生产过程中指导农户生产。

生态环境指数（X_{28}）是指农业生态质量。农业生态是生物圈的一个重要组成部分，除了上述阐述对农产品质量有重要影响外，农业生态的破坏，会造成生物圈食物链的断裂，进而导致生物群落的迁移或者灭绝。如水生态净化能力逐年下降，气候变化失常等现象都是最好的证明。

二、数据处理

（一）因变量

农户农业收入占比 $= \dfrac{y_n}{y_n + y_w + y_j + y_b} \times 100\%$。$y_n$ 为农户农业收入，y_w 为农户

临时性务工收入，y_j 为农户经营性收入，y_b 为农户补贴性收入。

（二）预测变量

1. 第一层变量

（1）人力资本指数（X_{11}）$= \dfrac{\sum Q_i}{n}$（其中 $\sum Q_i$ 表示样本农户家庭教育年限之和，n 表示样本农户家庭人数）。

（2）家庭年龄结构（X_{12}）$= \dfrac{50 \text{ 岁以上劳动者人数}}{50 \text{ 岁以下劳动者人数}} \times 100\%$。国外劳动者年龄因身体健康与否来判断是否满足工作岗位的需要。我国法定男性退休年龄 60 岁，女性 55 岁；随着岗位工作年龄制的改革，50 岁以上劳动者中 70% 办理了"内退"手续。而农业本身劳动强度较大。因此，选择 50 岁为年龄界限来计算家庭年龄结构，以此判断劳动强度。

（3）健康指数有国家健康指数（NHI）和一般健康指数。NHI 指一国发展现状、发展程度和发展模式的综合衡量指标。而一般健康指数指包括血压、体温、脉搏等人身体状态一类指标构成的指数。笔者结合调查实情进行相关处理，将健康与非健康均设置为"1"，根据统计要求，权数分别为 0.5；根据调查，非健康包括瘫痪、白癜风、精神失常、腰病、农业生产和外出务工致残五大原因造成，且据调查者口述得知，瘫痪、精神失常、农业生产和外出务工致残三项医疗费用最大，其次是腰病，最少的为白癜风（该病在少数民族地区一般少有样本农户花钱治疗），依据 PRE 农户半参与方式确认上述五大病因在非健康指标中的权数，分别为：瘫痪为 0.25、精神失常为 0.25、农业生产和外出务工致残为 0.25、腰病为 0.15、白癜风为 0.1。依据上述计算框架，农户家庭健康指数的计算公式为：农户家庭健康指数 $= \sum n \times 0.5 + (\sum f \times 0.25 + \sum g \times 0.15 + \sum h \times 0.1) \times 0.5$（其中 n 表示农户家庭成员健康人数，f 表示瘫痪、精神失常、农业生产和外出务工致残的人数，g 表示腰病人数，h 表示白癜风人数）。

（4）农业生产投资比（X_{14}）$= \dfrac{\text{农资成本}+\text{人工成本}+\text{农机投入(犁田费用)}-\text{农业补贴}}{\text{农业总收入}+\text{农业补贴}} \times$ 100%。其中：

农资成本 = 农业肥料支出 + 种植或种苗投入 + 病虫害防治费用 + … + 薄膜等

人工成本 = 农户田间劳作时间 × 农户人数 × 劳动力价格

农业补贴 = 良种补贴 + 肥料补贴 + 农产品价格补贴 + … + 农机补贴等

农机投入 $= \dfrac{\text{农机购买价格}-\text{农机净产值}}{\text{农机使用时间（交通认定的使用时间）}}$

农业总收入 $= \sum\limits_{i=1}^{n} k_i \times p_i$（$k$ 为农户销售农产品总单位，p 为农产品市场价格）

（5）农地零碎化指数（X_{15}）$= \dfrac{\sum\limits_{i=1}^{n} h_i \times p_i}{\sum\limits_{f=1}^{m} l_f \times p_f}$（$i = 1, 2, \cdots, n$；$f = 1, 2, \cdots,$

m）。其中，h 为 20 亩以下零碎农田面积；l 为 20 亩以上规模化农田面积；n 为农田零碎化总块数，m 为农田规模化总块数；p 为零碎化或规模农田权数，$p_i =$

$\dfrac{h_i}{\sum h_i}$ 或 $p_f = \dfrac{l_f}{\sum l_f}$。

（6）农业机械化指数（X_{16}）$= \dfrac{\sum\limits_{i=1}^{n} g_i \times f}{\sum\limits_{j=1}^{d} y_j \times h + \sum\limits_{i=1}^{n} g_i \times f} \times 100\%$。其中，$g_i$ 为

单次机械化耕作面积，f 为 g_i 耕作频次；y_i 为非机械化耕作面积，h 为 y_i 耕作频次。

（7）灾害性指数（X_{18}）$= \dfrac{\dfrac{\sum b + \sum f + \sum l + \sum h}{5}}{y}$。其中，$b$ 为病虫害

损失，f 为风暴损失，l 为涝灾损失，h 为旱灾损失，y 为农户年度总收入。为了与国家 5 年制规划相吻合，本章选择 5 年总灾害性损失的年均灾害损失作为灾害性指数的分子。

2. 第二层变量

（1）农产品商品化率（X_{21}）$= \sum\limits_{i=1}^{n} \dfrac{q_i}{q} \times p_i$。$q_i$ 为农户某种农产品销售量，q

为该种农产品总产量，n 为农户农产品种类，p 为该种农产品权数$\left(p_i = \dfrac{q_i}{\sum\limits_{i=1}^{i} q_i} \right)$。

（2）农产品认证指数（X_{22}）$= \dfrac{m_y \times \dfrac{1}{3} + m_l \times \dfrac{2}{3}}{m}$。$m_y$ 为农户有机农产品种植

面积，m_l 为绿色农产品种植面积，m 为农户种植总面积。其中，有机农产品和绿色农产品种植面积的权数分别为 $\dfrac{1}{3}$ 和 $\dfrac{2}{3}$。如果是畜牧业养殖户，m_y 和 m_l 分别是有机和绿色养殖面积或者产量，权数不变。

（3）农资安全系数（X_{24}）$= \dfrac{\dfrac{f}{4} \times p_f + \dfrac{z}{2} \times p_z + \dfrac{n}{48} \times p_n}{f \times p_f + z \times p_z + n \times p_n}$。$f$ 为农户有效肥料费

用，肥料肥效持续有效时间 90 天，农产品从种苗到上市生产周期 180 天，农产品生产期间农药喷洒周期 7 天；按月份计算，月有效肥料费用为 $\frac{f}{4}$，月种苗费用 $\frac{z}{2}$，月农药喷洒费用 $\frac{n}{48}$；p_f 为年中有效肥料施用月份，p_z 为年中种苗支付月份，p_n 为年农药施用月份。

（4）农业信贷比 $(X_{25})=\dfrac{农业贷款}{农业贷款+助学贷款+住房贷款+一般消费贷款+其他贷款}$。

（5）农业生态环境指数是指反映被评价区域农业生态环境质量状况的一系列指数的综合。

计算公式为：农业生态环境指数 = 0.25×生物丰度指数 + 0.2×植被覆盖指数 + 0.2×水网密度指数 + 0.2×土地退化指数 + 0.15×环境质量指数。该指标分为优、良、一般、较差和差五级。

其中：

生物丰度指数 = 生物丰度指数的归一化系数×（0.5×森林面积 + 0.3×水域面积 + 0.15×草地面积 + 0.05×其他面积）/区域面积；

植被覆盖指数 = 植被覆盖指数的归一化系数×（0.5×林地面积 + 0.3×草地面积 + 0.2×农田面积）/区域面积；

水网密度指数 = 河流长度的归一化系数×河流长度/区域面积 + 湖库面积的归一化系数×湖库（近海）面积/区域面积 + 水资源量的归一化系数×水资源量/区域面积；

土地退化指数 = 土地退化指数的归一化系数×（0.05×轻度侵蚀面积 + 0.25×中度侵蚀面积 + 0.7×重度侵蚀面积）/区域面积；

污染负荷指数 = （ASO_2×0.4×SO_2 排放量 + ASO_1×0.2×固废排放量）/区域面 + ACOD×0.4×COD 排放量/区域年均降雨量（ASO_1 固体废物的归一化系数；ACOD、COD 的归一化系数）。

归一化系数 A 计算方法来源：中华人民共和国环境保护行业标准 HJ/T192 - 2006，归一化系数 = 100/A 最大值。A 最大值指某指数归一化处理前的最大值。

（三）数据标准化处理

表 5 - 3 显示变量量纲不同，在识别影响新型农业公共服务体系的因素及影响因素程度的大小。为此，对上述预测变量采用统计软件 SPSS 认可的 z - score 标准化进行处理，计算公式如下：

$$新数据 = \frac{原数据 - 数学期望^{①}}{标准差}$$

三、统计描述

表 5 – 3 是 SPSS 统计软件得出了原始数据三大统计指标，从两层变异系数看，第二层比第一层大。

表 5 – 3　预测变量统计描述

模型层面	预测变量	均值	标准差	变异系数
第一层预测变量	人力资本指数	9	6.21	0.69
	家庭年龄结构	1.78	1.01	0.57
	健康指数	3.25	3.11	0.96
	农业投资比	35.19%	0.21	0.59
	农地零碎化指数	0.27	0.25	0.93
	机械化指数	46%	0.27	0.59
	农业技术培训频率	1.3	0.68	0.52
	灾害性指数	4531	1631	0.36
第二层预测变量	农产品商品化率	62.31%	0.6096	0.98
	农产品认证指数	27.31%	0.1186	0.43
	农产品基地面积	60.93%	0.5231	0.86
	农资安全系数	80.42%	0.46	0.57
	农业信贷比	69.03%	0.42	0.60
	信息化普及率	57.13%	0.33	0.57
	技术推广网点	19.63	10.78	0.55
	生态环境指数	35.64	11.43	0.32

第一层预测变量中健康指数和农地零碎化指数变异系数较大，分别为 0.96和 0.93，说明调查农户身体现状和农地集中经营规模程度比较稳定；结合两指标均值看（健康指数均值为 3.25；农地零碎化指数均值为 0.27），农户身体现状整体较差，农地经营规模进展缓慢。人力资本指数的变异系数其次，为 0.69，说明农户人力资本积累存在区域性差异。如山区农户平均教育年限仅仅为 6 年，平原地区 9 年以上。平原地区样本占总样本比重为 65%，致使总样本平均教育年限偏高。与 2006 年国家农业调查的农户平均教育相比，总体上有所提高。家庭年龄

---

① z – score 标准化以原始数据的数学期望（mean）和标准差（standard deviation）进行数据的标准化。将数列 A 的原始值 x 使用 z – score 标准化到 x'。该方法适用于属性 A 的最大值和最小值未知的情况，或有超出取值范围的离群数据的情况。

结构变异系数为 0.57，结合机械化指数（0.59）和农地零碎化指数看，农地一定程度规模经营使得农业收入有所提高，进而吸引外出务工人群回流和农业机械化普及。从这点看，三大指标的变动具有同步性。农业技术培训频率变异系数为 0.52，尽管该数据的调研对象是农户，但该指标反映了政府对农业技术推广服务的重视程度。各县级市离工业中心辐射范围和要素禀赋存在差异，理性政府从县域经济和资源禀赋两角度思考，农业资源丰裕的县市大力推广和普及农业技术，而贫乏的县市推动农业技术的动力相对不足。对于自然灾害损失，均值 4531 元/亩反映了自然灾害对农业的破坏程度远超过了农户承受能力；结合变异系数 0.36 看，平原地区发生自然灾害的频率和灾害损失程度仍低于过去。

农产品商品化率变异系数 0.98 排在第二层变异系数之首。根据农产品商品化率计算公式，可知影响农产品商品化率的因素有：一是农户家庭经营农地面积；二是农产品的相对价格；三是农户获得生产、生活保障。从农产品商品化率的均值 62.31% 看，广西农业市场发育打破了地理位置局限，业已融为一体。农产品基地建设是广西区委区政府执行中央决策推动农业产业化的重要举措，调查 13 个县市的农产品基地建设面积占调查区域的 60.93%，说明广西农业产业化业已取得成效。农资安全系数变异系数和信息化普及率变异系数为 0.57，农资安全系数是农产品质量安全和农户增收保证。从调查样本均值 80.42% 看，广西农资从生产到销售相对安全。农业信贷比变异系数为 0.60，与调查 13 个县市农业年末贷款余额比均值 69.03% 相当。改革农村金融是支持农业发展的重要手段。近年来，在传统农村金融网点收缩和格局固化的现状，新农村金融体系端倪出现，新型农村金融机构如雨后春笋般地诞生，为解决三农矛盾提供了物质基础。但新型农村金融机构还处在发展之中，各地方发展程度存在差异。信息化普及率高低是衡量传统农业向新型农业是否成功过渡的重要标志，是现代科技武装农业的重要表现，反映了新型农业发展方式和路径上的差异。生态环境指数变异系数是一二两层预测变量中最小，为 0.32，这说明农业生态环境极其恶劣，从反面印证了政府的生态服务体系建设比较落后。农业生态环境是农产品质量的第一道"质量防线"；从面上看，导致农产品质量低下；从深度看，影响农户收入。

第三节　影响因素技术测度和结果讨论

一、随机效应模型回归

随机效应模型是完整双层线性模型回归的基础，基本公式为：

$$Y_{ij} = \beta_{0j} + \beta_{1j}X_{ij} + r_{ij}$$

$$\beta_{0j} = r_{00} + \mu_{0j}$$

$$\beta_{1j} = r_{10} + \mu_{1j}$$

该公式用于检验不包含第二层面变量的第一层样本单位"集体"是否存在显著性差异；如果存在差异，则进行完整线性模型的回归，否则不可。表 5-4 是 HLM6.0 软件采用最小二乘法（OLS）回归的随机效应模型的结果[①]；第一层预测变量的标准误差和方差成分均在允许范围内，且在置信度 5% 条件下 t 检验和 χ^2 检验统计值全部显著。按照上述检验法则，可进行完整双层线性模型检验。

表 5-4　随机效应模型的回归结果

预测变量	回归系数和显著性检验			方差成分和显著先检验	
	回归系数	标准误	t 检验	方差成分	χ^2 检验
人力资本指数	0.7336	0.6021	12.3476**	0.8921	112.0017**
家庭年龄结构	3.6815	0.0094	25.9001*	0.0454	89.9433*
健康指数	0.1993	0.1107	8.9905**	0.4053	71.3475**
农业投资比	0.2754	0.3021	64.0099*	0.0065	60.0084*
农地零碎化指数	-0.7092	0.4802	-31.8572*	0.7786	83.3861**
机械化指数	1.3917	0.6642	50.4442**	0.2305	94.0876**
农业技术培训频率	0.8421	0.3005	19.7561**	0.4001	77.6843**
灾害性指数	-3.2091	1.0206	-23.4114*	0.0083	105.7535**

注：＊p＜0.01；＊＊p＜0.05。

二、双层线性模型回归结果与讨论

（一）回归结果

表 5-5 是完整双层线性模型的回归结果；除了第二层预测变量农产品基地面积、农业信贷比、生态环境指数、农产品商品化率、农资安全系数、农业技术推广网点、农产品认证指数、信息化普及率对第一层预测变量"部分"回归系数不显著外，其他全部通过检验。根据 HLM 软件的计算法则，第二层预测变量的系数不显著，说明该变量对因变量的影响可以忽略不计，即该因变量的影响直接由第一层预测变量所致。

---

① 对于随机效应模型，第二层预测变量的系数 $\gamma = 0$，HLM 软件采用循环迭代法的收敛于 0，此时完整双层线性模型回归转化为一般线性模型回归，即随机效应模型回归。

表 5 − 5　完整双层线性模型回归结果

变量	回归系数	标准误	t检验
人力资本指数——农户农业收入占比接受斜率	0.3095	0.7341	—
农产品商品化率	0.0304	0.0748	23.8423**
农产品认证指数	—	0.0031	76.0207*
农产品基地面积	0.5813	—	—
农资安全系数	-0.0267	0.0701	112.0931**
农业信贷比	1.4072	0.0091	98.7825*
信息化普及率	1.9236	0.0009	98.7633**
农业技术推广网点	—	0.0402	45.1735*
生态环境指数	0.0076	0.0782	48.9385**
家庭年龄结构——农户农业收入占比接受斜率	—	3.6905	—
农产品商品化率	1.0037	0.0299	59.0092**
农产品认证指数	0.9097	0.0003	67.9808**
农产品基地面积	0.4052	0.2001	142.0941**
农资安全系数	0.7859	0.0032	60.0073*
农业信贷比	0.7902	0.0007	78.4809**
信息化普及率	—	—	—
农业技术推广网点	—	—	—
生态环境指数	—	—	—
农地零碎化指数——农户农业收入占比接受斜率	-0.7069	—	—
农产品商品化率	—	0.0074	70.0328*
农产品认证指数	-0.0032	—	—
农产品基地面积	—	0.1008	55.7318*
农资安全系数	-1.0052	0.0211	20.0751**
农业信贷比	-0.8327	0.0504	36.6667*
信息化普及率	-0.2705	—	—
农业技术推广网点	—	—	—
生态环境指数	—	—	—
机械化指数——农户农业收入占比接受斜率	—	1.4017	—
农产品商品化率	1.9085	0.0015	51.0093**
农产品认证指数	0.0218	0.0109	101.3471*
农产品基地面积	2.9002	0.0901	100.0034**
农资安全系数	0.8942	0.0809	159.7301*
农业信贷比	—	—	—
信息化普及率	—	—	—
农业技术推广网点	1.0795	0.0074	98.0934**
生态环境指数	—	—	—

续表

变量	回归系数	标准误	t检验	变量	回归系数	标准误	t检验
健康指数——农户农业收入占比接受斜率		0.1803		农业技术培训指数——农户农业收入占比接受斜率		0.8004	
农产品商品化率	0.0003	0.0603	76.9003 **	农产品商品化率	0.0053	0.0117	180.0004 **
农产品认证指数	0.0021	0.0109	64.0874 *	农产品认证指数	0.2084	0.0053	70.0201 *
农产品基地面积	1.0056	—	103.8094 **	农产品基地面积	0.7421	0.0108	68.0909 *
农资安全系数	—	0.0812	—	农资安全系数	1.6093	0.0022	120.0011 **
农业信贷比	0.8964	—	95.0001 **	农业信贷比	—	—	—
信息化普及率	1.2907	0.0334	84.5073 *	信息化普及率	2.0903	0.0041	141.0931 **
农业技术推广网点	—	0.0062	—	农业技术推广网点	3.0002	0.0627	100.2121 **
生态环境指数	—	—	—	生态环境指数	0.6401	0.0919	130.0331 **
农业投资比——农户农业收入占比接受斜率		0.2804		自然灾害损失——农户农业收入占比接受斜率		−3.2088	
农产品商品化率	3.0017	0.0126	190.0356 **	农产品商品化率	−1.0091	0.0104	201.0071 **
农产品认证指数	2.7447	0.0018	100.0001 **	农产品认证指数	−0.0097	0.0006	130.9214 **
农产品基地面积	0.9871	0.0902	89.0082 **	农产品基地面积	−1.0009	0.0432	89.0006 **
农资安全系数	3.1221	0.0083	76.9901 **	农资安全系数	−1.1102	0.0679	111.1221 **
农业信贷比	5.9903	0.0603	111.2231 **	农业信贷比	−0.9982	0.0026	100.9032 *
信息化普及率	4.3775	0.0038	161.0007 *	信息化普及率	2.3321	0.0372	94.8989 *
农业技术推广网点	0.0034	0.0092	89.9898 *	农业技术推广网点	1.9993	0.0527	79.9943 **
生态环境指数	0.1097	0.0103	71.1765 *	生态环境指数	1.0021	0.0063	168.9003 *

注：* p<0.01；** p<0.05。

（二）结果讨论

1. 人力资本指数——农户农业收入占比

众多学者认为学历是衡量人力资本指数高低的关键指标，即人力资本对农户农业收入影响程度受农户自身学历限制。换句话说，高学历的农户人力资本指数高，获得高收入的概率大。全国农村人口中高中及以上学历文化程度占 15.74%，初中和小学文化程度占 78.67%，不识字或者识字很少的占 6.17%。而用现代科技武装的新型农业外生要求农户必须具备掌握农业技术的一定文化程度。另一问题：农业从业人口老年化让更新农业从业人员的文化程度不可能。因此，短期内推广新型农业技术的重要途径——技术培训，使得农业技术推广网点成为影响新型农业技术普及的关键性因素；这被农业技术推广网点对人力资本指数回归系数 1.9236 证明。然而，属于农业科技范畴的信息化普及率的影响却比农业科技推广基层网点小（1.4072 < 1.9236）。从调查数据看，调查样本农户的信息化投资普遍低于农业科技。农户学习技术，可以立即转化为生产力，短期内就能看到收益。完善的信息化服务体系也能达到这种效果，但信息化供给主体是市场主体，市场主体因利益导致信息失真，这就要求农户对从信息服务体系获取的信息再加工、再处理，换句话说，就是需要农户对获取的信息进行分析、处理和转化。此外，调查样本还显示信息化建设以农户自身，即信息化建设以市场建设为主，农户的"投机"和"搭便车"行为也影响农户信息化建设投资决策。

其他三个显著性影响因素中，农资安全的影响最大（0.5813），其次是农产品商品化率（0.3095），最后是农产品认证指数（0.0304）。

根据笔者对巴马县 5 个农户面对面访谈得知，20 世纪 90 年代农户通过村组织宣传获取相关农资信息；而目前农户从电视广告、销售商等宣传媒介获取农资信息。许多学者只是从表面上分析了上述两种信息传输方式的信息量和传输速度之间的区别；而忽视了信息在信息传输途中的再处理和信息失真。传统农资信息传输中，村组织为了获取农户信任，供给农资信息成为其手段之一；这一过程中，村组织保证了信息的完整性。而进入信息化时代，虽然农户能从农资宣传媒介中获取多于传统途径好几倍的信息量，但是农户却必须从这些信息中去除冗余，提取与农业生产相关的信息，否则造成农业生产决策失误，导致收入减少。而去除冗余信息过程与农户自身文化程度成正相关。

农产品商品化是衡量农产品相对价格的重要指标。根据计算公式，农产品商品化率 $= \dfrac{市场销售农产品收入}{农产品总收入} \times 100\%$。依据要素禀赋论，如果甲企业生产 A 和 B 两种商品，乙企业也生产 A 和 B 两种商品。假设 A 和 B 两种商品市场价格相同，甲企业生产 A 商品的成本比乙企业低，甲企业生产 B 商品的成本比乙企业高，则甲企业将全部资源用于生产 A 商品，乙企业将全部资源用于生产 B 商品。

按此理论，"经济人"农户应该销售价格比较高的农产品来换取需要的农产品，即农产品商品化率就高。

随着我国居民收入和健康意识提高，消费者偏好逐渐向质量转变；因此当前超市和农产品生鲜超市中的有机和绿色农产品为消费者所"追捧"，导致供给小于需求，价格一直居高不下；这成为政府大面积推广有机和绿色农产品的重要证据，成为政府提高农户收入的重要举措。然而，调查样本中也只有 12.73% 的农户投资有机和绿色农产品生产。部分学者认为政府设置的质量标准、投资金额和金融贷款门槛（农业信贷比 - 0.0267）限制了农户生产有机和绿色农产品的积极性。

农产品基地面积属政府行为。政府为了保证粮食安全和调控农产品市场价格而进行的投资，与人力资本关系甚微，因而回归系数不显著。对于生态环境，文化程度越高越能认识生态环境对农产品质量的影响。就当前农户文化程度而言，意识到生态恶化对农产品质量产生影响的样本农户占 3.63%；即农户注重农产品质量更多的是关注农资安全。

2. 农地零碎化指数——农户农业收入占比

2006 年出台的关于发展新型农业的中央一号文件提出创新土地流转模式，推动农地规划化和集中经营。农地零碎化指数的回归系数 - 0.7069，农地规模提高 1%，农户的农业收入提高 0.71%，佐证了推动农地规模化和集中经营有助于提高农业收入。然而，回归结果比学界采用实证方法测算的影响程度大；回归结果之间的显著性差异归咎于农地零碎化面积标准不同。现有学者认为农地规模化面积最小为 5 亩；根据国外发达国家农地规模化经验，结合广西农情，笔者将样本农户规模化面积确定为 20 亩。此标准将农地零碎化总面积提高了 43.72%。新型农业之所以提高农户农业收入，是因为农业机械的推广和普及，规模化农地是农业机械推广普及的条件之一。

农产品认证包括有机和绿色两类主要农产品认证。目前低学历的农户无法完成农产品认证申请、认证程序和认证商标等工作，也无法承担认证手续费。因此，政府成为农产品认证主体。政府作为主体申请农产品认证一般有如下几步：第一步，由农业部门成立市场主体，以市场主体身份向国家农业部农产品认证司提出申请；第二步，根据认证成功的农产品生产标准，划定农产品生产区域，规范农产品生产技术，限制农产品化肥、农药施用等；第三步，政府牵头宣传绿色农产品。从如上三步中，不难发现政府作为主体难以保证有机或绿色农产品生产的质量。一是农户存在投机行为。如果有机或者绿色农产品市场价格高，农户一旦获利就会产生投机行为，形成农产品"柠檬市场"。二是短期内有机或绿色农产品生产对周边生产区域的辐射范围有限。有机或绿色农产品获得消费者青睐，依靠质量，且需要较长的时间周期；这和农户短视行为相矛盾，短期内农户无法提高利润，农户将会放弃生产有机或绿色农产品的生产决策。

农业信贷比的回归系数（-1.0052）高于其他预测变量。生产规模和生产科技重塑了新型农业的高生产效率；但农地规模化和农业机械化投入的资金远远高于农户积累的原始资本。受金融机构贷款门槛限制，农户只能获得有限的贷款资金，这远远不能满足农业所需生产资金。为了满足农业生产需求和提高农村金融体系的"输血"功能，农村金融体系创新激发市场如雨后春笋般地成立农村商业银行、农村合作银行、农村小额贷款公司等。

信息化建设和农业技术推广从土地规模化作用、农业生产效率等方面影响农业生产决策。农户从现代化相关信息传输媒介中了解农业信息，通过信息作出生产决策，信息帮助农户作出正确的生产决策而获取可观的收益，农户因此扩大生产规模，辐射邻居。信息化是新型农业科技的转化，早期政府推广的农业机械化是新型农业初级阶段。新型农业科技除了提高农业生产效率外，使农业产前、产中和产后形成了严密且分工细化的产业链，如农产品运输冷藏技术、农产品深加工技术等；然而，农业生产是农业技术拓展和延伸产业链的源头，农业产业链的拓展和延伸增加了农产品需求，这无疑拉动了农业生产供给，农业企业发布的需求信息通过现代媒介传播，农户由此而增加农业生产规模，促进土地规模化经营。

3. 家庭年龄结构——农户农业收入占比

农户老年化已被发达国家农业发展历程证实。我国 20 世纪初期的人口政策和工业化进程使农村剩余劳动人口流向了城市；21 世纪工业化优势使农村人口向城市转移的趋势得到了延续。从剩余劳动力转移到劳动力过度流动，人口红利促进了工业和城市化发展，形成了区域性经济增长极。流动劳动力结构中，中青年高学历的劳动力占绝大多数，使农业劳动力学历整体下降，平均年龄整体上升。传统农业生产依靠体力和劳动经验；即从事农业生产时间越长，年龄越大，农业生产经验越丰富，获得收入越高。这种观念是传统农业中剩余劳动力向城市转移的本质原因；然而，随着农业发展，传统农业向新型农业发展，科技和智力逐渐成为农业生产的支撑，流动到城市的中青年高学历劳动者成为农业发展的必要人才，而这部分劳动者长期的城市生活已经成为了"城市人"。因此，家庭年龄结构不仅是体力象征，更是农业劳动力智力的象征。所以，家庭年龄结构成为影响农户农业收入的重要因素。

对于老年化农业劳动者，农产品认证和农产品基地建设对农户农业收入形成间接影响。老年化劳动者学习农业技术和分析现代媒体发布的信息已不可能，他们不仅思维保守而且形成了思维惯性，即凡是能提高收入的农业生产技术就是好技术；因此，他们习惯于向种田能手咨询，以此来获取可贵的生产经验。据笔者2010年监利县调查，78.12%的种田能手具有高中以上文化程度，而且超过95.12%的种田能手的日常农业生产处于农产品认证和农产品建设区域。换句话说，农产品认证和农产品基地建设已被市场转化为了农户的收益，得到种田能手等农户的支持。而老年化劳动者向种田能手咨询生产经验，从学术上讲就是农业生产经验的扩散、辐射和带动。

农资安全系数和生态环境指数的回归系数分为0.4052和0.0076。虽然两系数显著，但通过家庭结构系数对农户农业收入的影响相对较小。农资安全是所有农户关心的内容，直接关系农户的收入；但是老年化农户无法对获取的原始信息进行再处理，只能通过一定年限的农业生产经验购买农资。在农业生产中，农资出现问题，农户采取"吵闹、上吊"的老办法威胁农资商补偿损失。而对于农资造成的农产品质量问题，农户更是无从获知。老年化农户的农业生产一般仅注重生产结果，不关心农产品的质量。他们按照几十年积累的农业生产经验施肥、喷药等，对肥料、农药用量、喷施方法等全然不顾。不顾农资安全，生态环境就会破坏。生态环境为人类提供舒适的环境和多元化食品，生态环境污染相当于源头上污染了食品生产的环境。除了上述所谈的农业污染外，污染源头还有工业"三废"和居民生活污染。

人类活动越来越离不开科技。现代信息传输媒介为农户提供多元化的信息；如农户根据信息做出生产决策，根据就业信息决定是否外出务工，农产品经济人根据农产品价格信息决定是否为农户提供农产品销售渠道，农产品深加工企业根据农产品供给现状决定是否库存农产品，政府根据农产品市场现状决定是否宏观调控农产品生产，等等。农户家庭既是农产品生产者，又是包括农产品在内的消费者。不同家庭结构消费农产品种类和数量以及农产品生产都存在差异，农产品生产环节、分工也存在差异。

学界一致认为有限供给限制了农业贷款的增长，农业信贷比回归系数0.7859证明了该观点。从调查样本看，获得农业贷款的农户占20.65%，68.51%的农户有农业贷款需求意愿。获取农业贷款的农户中58.17%的是农业大户，32.04%的农户从事农产品运输、销售等；而其中仅有32.81%的样本农户存在贷款需求。依该比例，供给与需求之间存在双向影响。

4. 机械化指数——农户农业收入占比

农产品商品化和农产品认证促进农业发展和提高农户收入，这已被多数学者所证实。仔细推敲这种结论推导过程，我们发现该观点源于工业经济比较发达的地区。东部沿海发达城市采用以工促农发展模式推动新型农业发展，工业经济发展拉动农产品需求、农产品生产等农业产业，推动农产品商品化。而对于工业经济比较落后地区来讲，农产品商品化依靠农户需求而自发发展，这种农产品商品化率较低。按照现有理论分析，农产品商品化率越高，收入越高，农户将有更高的积极性投资农业。农产品认证是农产品商品化率达到一定程度的产物。农产品商品化率进入高级阶段，农产品价格根据市场运行规律波动，消费者开始追求生活品质，追求有机和绿色食品，激发农户有机和绿色农产品认证需求。

推动农业机械化，农产品基地建设具有举足轻重的作用。据笔者调查，广西基地建设少则几百亩，多则上千亩；这种大面积基地建设正好符合大面积作业的农业机械。然而，不论是购买农机还是农产品基地建设，都需要大量资金和技术支持。农村金融体系改革创新和农业基层科技推广网点为上述提供了可能。

5. 健康指数——农户农业收入占比

据 2010 年联合国扶贫结构统计，健康成为农户致贫的主要原因。尽管当前步入了新型农业门槛，机械化普及降低了农业生产对体力的依靠程度；与其他行业相比，农业生产的体力活仍然比较重。调查农户样本中 78.19% 的存在健康和亚健康问题，身体健康问题不仅使农户收入降低，而且使农户陷入贫困"危机"。调查贫困样本农户中 92.17% 的"因病致贫"。随着经济发展，国家农村合作医疗项目的实施，贫困保障等多个贫困治理项目的实施，农户因病致贫的健康问题有所缓解。

农产品商品化率（0.0003）和农产品认证指数（0.0021）回归系数虽然显著，但影响程度有限。农产品商品化和农产品认证反映了农产品市场的发育程度；如平果、德保、三江等地区农产品商品化率和农产品认证指数较高，农产品批发市场、零售市场、交易市场等数量较多；这些地区农户生产积极性相对较高。

现代科技渗入农业生产各个角落和农业产业链各个环节，如农药选种、转基因种苗、杀虫剂、杀菌剂、包装抛光、防腐，等等。现代科技是一把"双刃剑"，为农业保驾护航的同时，慢慢侵蚀着农户健康。据调查，86.12% 的农户存在"劳伤"，35.68% 的农户曾经农药中毒。

6. 农业技术培训指数——农户农业收入占比

农业技术培训指数提高 1%，农户农业收入占比提高 0.8%。新型农业是现代科技支撑的农业，而农户学历现状却成为科技推广和普及的障碍性因素，而发展新型农业却成为农业必经之路。因此，推广和普及农业技术成为政府推动新型农业突破点。2008 年广西就开始改革乡镇"七站八所"，政府延伸和附属单位收缩为政府部门，其他单位市场化和社会化改造，增加了政府运作效率，减轻了政府财政负担，建立了包括农业技术培训在内的覆盖农村各项事业的基层网点。环江、那坡、龙胜、东兰等依靠农业技术培训员推广了 172 种包括水稻、脐橙等良种，农业总产值提高 12.63%。

7 个显著性变量中，信息化普及率和农业技术推广网点的回归系数较大，分别为 2.0903 和 3.0002。信息化普及和农业技术推广是近几年来国家农业服务体系建设的重点内容。监利县实现了覆盖 100% 农户数字电视，建立了一村一宣传牌，为农户提供包括农资信息、就业信息、农业信息等。隆安、天等、乐业、东兰等地建立了农村技术员区域责任承包制，以村为单位承包给农业技术员，由农业技术员为农户提供农业生产、销售的各种信息和咨询。

农产品商品化率、农产品认证指数和农产品基地面积的回归系数分别为 0.0053、0.2084 和 0.7421。农产品商品化通过市场激发农户的技术需求，农产品市场越发达，农产品的相对优势越明显，农户收入越高，农业技术需求度越高。农产品认证以市场为指导，得到市场青睐的农产品需要技术支持。广西建立的农产品基地分为两类：一类是一般农产品建设基地；一类是绿色和有机农产品建设基地。一般农产品基地建设，农户需要增产技术，绿色和有机农产品建设，除了需要增产技术外，农户还需要施肥、试药等技术。

农资安全系数和生态环境指数的回归系数为 1.6093 和 0.6401。中央政府重视生态环境建设由来已久，建立完善了各种环境保护指数，如《农药生产规范》、《食品生产标准》，等等；然而，考核机制和政绩使地方政府动力不足、积极性不高。当前农户关注生态建设，由市场"倒逼"所致。传统农业无法实现生态正外部性的经济价值，健康意识觉醒的消费者却使其变为了可能。当前市场上，绿色和有机农产品供不应求，价格居高不下，农户收入水涨船高。由此农户生态意识才得以觉醒。

7. 农业投资比——农户农业收入占比

农业投资比对农户农业收入占比的回归系数为 0.2804。新型农业的主要特征：规模化经营、科技含量高、投资量大周期长。新型农业是农业现代化的必经之路，是当前国家提高农户收入的重要措施；为推动新型农业，中央改革创新农村金融体系。2010 年黄陂农村商业银行农业贷款 35.87 亿元，鄂州农村合作银行农业贷款 78.93 亿元，监利农村信用社农业贷款 12.38 亿元。

农产品商品化率、农产品认证指数和农产品基地面积的回归系数分别为 3.0017、2.7447 和 0.9871。反映资源的经济价值是市场机制的本质作用；在市场机制作用，重合后的生产要素在空间上和时间上形成各种井然有序的产业，如农资产业、食品加工产业、蔬菜产业、农业合作社、农机产业等；而资金犹如润滑剂和黏合剂提高资金使用效率和生产效率。农业信贷比的回归系数为 5.9903，农业信贷比提高 1%，农户农业占比提高 6%；说明了在农户农业收入影响中，金融资金发挥了决定性作用。

中央政府历来重视农业生产安全和农业生态环境建设，市场机制形成了农户短视行为和投资行为，而在农业生产过程中忽视农业生产安全和农业生态环境，如大量使用化肥、低效高残留农药、白色污染薄膜等。模型中农资安全系数的回归系数为 3.1221；说明农资安全系数提高 1%，农户收入占比提高 3.12%；生态环境指数的回归系数为 0.1097；说明生态环境指数提高 1%，农户收入占比提高 0.11%。比较上述两预测变量对农户收入占比的影响程度，可知在农业生产中农户更加注重农资安全。

在农业投资中，农业科技的重要性仅次于农村金融资金。信息化普及率和农业技术推广网点的回归系数分别为 4.3775 和 0.0034。在农业生产投资中，农业科技投资受到了农户前所未有的重视。农户从数字电视、村头电子牌、通信短信等现代信息通信中获取种子信息、化肥价格和质量信息、技术信息等，农户对信息再处理而做出生产决策，进而提高生产收入。从回归系数看，信息化普及率提高 1%，农户农业收入占比提高 4.4%。这检验了学者们的观点"新型农业靠科技靠信息，依靠生产经验来提高收入的日子一去不复返了"。

8. 自然灾害损失——农户农业收入占比

自然灾害损失的回归系数为 -3.21；即自然灾害损失增加 1%，农户农业收入占比降低 3.21%。尽管美国、英国、日本等国的农业如此发达，但也没有改变"靠天吃饭"现状。2008 年，美国农场管理局联合会说，干旱、洪水等自然灾害使美国农作物蒙受 80 亿美元损失。2009 年，危地马拉农业部发布公告说，全国有 15 个省、16715 户家庭受灾，直接经济损失已经达到 470 万美元。我国是自然灾害高风险国家，2004 年安徽受旱涝自然灾害影响损失 47 亿元，2008 年大雪冰冻、冰雹、暴雨等自然灾害导致海宁农业经济损失 8100 万元，2011 年内江市自然灾害导致农业经济损失 2.4 亿元。我国自然灾害具有六大特征：成因复杂、种类繁多、频率高强度大、灾害群发、地域差别明显、交替性强。因此，自然灾害导致农户损失大。

农产品商品化指率、农产品认证指数和农产品基地面积属于市场减灾范畴。市场减灾是通过市场机制降低自然灾害对农户收入的影响。发生自然灾害时，农业大面积受灾而减产，农产品供不应求，通过价格上涨来减轻农户的损失。然而这与市场发达程度有密切关系，市场越发达，市场机制减灾能力越强；农产品商品化率、农产品认证指数和农产品基地面积直接或间接反映了农业市场发展程度。农产品商品化率、农产品认证指数和农产品基地面积的回归系数分别为 -1.0091、-0.0097 和 -1.0009，与自然灾害损失回归相比，显示了我国自然灾害损失 60% 依靠政府和社会救助。

众多学者认为我国自然灾害之所以如此频繁，原因是人类对自然界的无序开发。农资安全一直属于国家生态严管项目，如农药含量指标、化肥氮磷钾含量等。农资安全系数和生态环境指数的回归系数分别为 - 1.1102 和 1.0021；农业生产资料质量不仅影响农业生产，而且直接影响农业生态环境；农业生态环境隶属生态环境范畴，农业生态环境的污染导致生态环境恶化，以致自然灾害频率升高。

农业科技推广大大降低了自然灾害造成的损失。农业气象预报帮助农户确定生产时期，快速锁定灾害区域，快速实施救灾和灾后辅助；机械化提高了农户救灾反应能力和救灾效率，等等。提高信息化普及率和完善农村科技网点无疑可以降低自然灾害损失。

三、预测变量对因变量的解释程度

第一层预测变量和第二层预测变量对因变量的影响程度存在一定差异，计算两层次预测变量对因变量各自的影响，需要求条件方差相对于原始方差的比例。所谓原始方差指不包含第二层预测变量的随机回归结果；条件方差是包含第二层预测变量后，随机结果中剩余的方差成分。方差比例计算公式为：

$$方差比例 = \frac{原始方差 - 条件方差}{原始方差} = 1 - \frac{条件方差}{原始方差}$$

表 5 - 6 是采用方差比例计算的双层变量对因变量回归系数的解释比重。第一层预测变量解释比重较大的是机械化指数、人力资本指数、自然灾害损失、农地零碎化指数和农业技术培训指数，其次是健康指数，相对较小的是农业投资比和家庭年龄结构。按照方差比例计算原理，农业投资比和家庭年龄结构对因变量解释比重较大的是第二层预测变量；即农产品认证指数和农业信贷比。

表 5 - 6 双层变量对因变量的影响程度

变量	原始方差	条件方差	解释方差
人力资本指数——农户农业收入占比接受斜率	0.8921	0.1301	85.42%
家庭年龄结构——农户农业收入占比接受斜率	0.0454	0.0434	4.41%
健康指数——农户农业收入占比接受斜率	0.4053	0.1001	75.30%
农业投资比——农户农业收入占比接受斜率	0.0065	0.0057	12.31%
农地零碎化指数——农户农业收入占比接受斜率	0.7786	0.1329	82.93%
机械化指数——农户农业收入占比接受斜率	0.2305	0.0003	99.87%
农业技术培训指数——农户农业收入占比接受斜率	0.4001	0.0781	80.48%
自然灾害损失——农户农业收入占比接受斜率	0.0083	0.0013	84.34%

第四节 影响因素优先序及其结果分析

一、优先序原理

影响因素优先序是指按影响因素影响程度的大小顺序。影响因素优先序包括两个维度：第一维度是影响因素层次性。影响因素层次性是指不同层次包括的影响因素；第二维度是同一层次影响因素的重要程度顺序。

基于上述维度划分，文章将第一层预测变量划分为第二维度，第二层变量划分为第一维度。第二维度优先序按照影响程度大小排序；第一维度按照影响程度的比重大小排序；即第二维度按照本章第三节回归系数大小排序，第一维度按照本章第三节回归系数与解释比重的乘积大小排序。第一维度计算公式为：

$$\zeta = \sum_{i=1}^{n} \tau_i \times \varphi_i (i = 1, 2, \cdots, 8)$$

二、优先序排序

表 5-7 是第一第二两个维度影响因素优先序。第一维度中，农业信贷比、信息化普及率的正向影响程度较大；其次是农资安全系数、农产品认证指数和农产品商品化率；再次是农产品基地面积和农业技术推广网点；生态环境指数排最后。第二维度中，自然灾害损失和机械化指数第一；农业技术培训指数、人力资本指数第二；农地零碎化指数第三；家庭年龄结构和健康指数第四；农业投资比第五。此外，第一维度和第二维度的影响变量相互对应。

表 5-7 影响因素优先序

第一维度	影响指数优先序	第二维度	影响指数优先序
农业信贷比	5.6735	机械化指数	1.3999
信息化普及率	5.6517	农业技术培训指数	0.6641
农资安全系数	3.5986	人力资本指数	0.6271
农产品认证指数	3.41	家庭年龄结构	0.1628
农产品商品化率	2.5229	健康指数	0.1358
农产品基地面积	1.7271	农业投资比	0.0345
农业技术推广网点	1.4562	农地零碎化指数	-0.5862
生态环境指数	0.3853	自然灾害损失	-2.7063

三、优先序分析

从维度纵向看，第一维度中，农村金融和农业信息化是发展新型农业关键。为发展工业，农业贡献了 1928 亿元；胡锦涛同志定论"现在是工业反哺农业"的时期，提高农村金融的输血功能需要改革创新农村金融体系。信息是农户生产的决策之机，信息流转速度事关信息使用质量和效用，及时的信息帮助农户作出正确决策，否则给农户带来一定损失。农业信息化建设提高信息流转速度，提高信息使用效率。随着消费者偏好的转变，农产品质量逐渐被市场转变为经济价值。而农产品认证以农产品商品化率和农产品基地建设为基础。两指标较好地衡量了农业市场发育程度。第二维度中，科技是新型农业发展的支撑力，机械化和农业技术推广两因素排第一，说明了调查区域新型农业发展处于初级阶段。学历低和老年化是农村劳动力流动的结果，新型农业是高学历劳动者掌握科技的实践。

从横向看，第一维度与第二维度影响因素优先序一一对应。实现农业机械化需要资金投资，农业技术培训的信息化建设重点，建设农业人力资本需要提高农户农资安全意识，家庭结构和身体健康问题需要发育农业市场，突破资金瓶颈有助于农产品基地建设，农业规模化经营依赖于农业科技推广和普及，生态环境是造成自然灾害的重要原因。

第六章　新型农业公共服务体系建设框架

农业部长杜青林概述新型农业是以保障农产品供给，增加农民收入，促进可持续发展为目标，以提高劳动生产率，资源产出率和商品率为途径，以现代科技和装备为支撑，在家庭经营基础上，在市场机制与政府调控的综合作用下，农工贸紧密衔接，产加销融为一体，形式多元化的产业形态和多功能的产业体系①。

农业公共服务体系作用于新型农业。农业公共服务体系内部结构的建设和完善路径收敛于新型农业发展路径。新型农业发展速度快慢和发展路径选择取决于农户的积极性和生产决策。农户从新型农业发展中获得了高收益，农户生产积极性就高，就愿意使用农业机械、改造良种、耕作技术，新型农业发展速度就会提高，新型农业发展需要与之相符合的农业公共服务，如果农业公共服务建设供给与现代新型农业发展需求失衡，就会约束新型农业发展。新型农业尽管是农业现代化一历史阶段，相对于农业现代化历程来看，新型农业发展的历程较短，但单从时间上看，新型农业发展至少已有十几年，这决定了农业公共服务体系建设年限，即农业公共服务体系的建设质量问题。因此，构建新型农业公共服务体系建设框架的目的在于：

一是把握新型农业公共服务体系建设结构。学界和政界对新型农业公共服务体系建设进行了众多有益研究与探讨，如建设主体合作方式、建设资金渠道、建设项目监督，等等。然而这些研究与探讨仅仅是新型农业公共服务体系"冰山一角"，不仅割裂了新型农业公共服务体系之间的协同效应，而且造成了供需偏差和建设进程缓慢。把握新型农业公共服务体系建设结构，便于在建设框架内瞄准体系建设不足，修葺和恢复体系功能，提高新型农业公共服务体系"服务效率"。

二是瞄准新型农业公共服务体系建设内容。从广西新型农业公共服务体系建设现状来看，出现了重复建设、供需"双向失衡"等问题，原因是新型农业公

---

① http://baike.baidu.com/view/435912.htm.

共服务体系结构把握不足导致建设内容瞄准偏差。构建新型农业公共服务体系建设框架，便于建设主体和供给主体瞄准建设内容，提高资金使用效率。

三是指明新型农业公共服务体系建设方向。本章简单介绍了广西新型农业发展的现状，并对现状进行了分析。此举目的在于把握广西新型农业发展趋势和方向。新型农业公共服务体系服务于新型农业，新型农业公共服务体系建设路径收敛于新型农业发展路径。把握新型农业发展方向就是把握了新型农业公共服务体系建设方向。以新型农业和新型农业公共服务体系现状为基础，构建的新型农业公共服务体系建设框架指明了新型农业公共服务体系未来的建设方向。

四是规范新型农业公共服务体系建设功能。新型农业公共服务体系由七大子体系构成，各体系功能明确，形成了相互依赖、相互支撑的网络体系。构建新型农业公共服务体系建设框架明确了新型农业公共服务体系未来的建设内容，除了完善现有农业公共服务体系外，更重要的是提升新型农业公共服务体系整体运作效率和对新型农业的服务效率。

五是确定新型农业公共服务体系建设主体责任。本章采用非完全信息动态博弈理论研究了新型农业公共服务体系建设合作方式，探讨了新型农业公共服务体系建设路径。不同的农业公共服务，建设主体之间的合作方式千差万别，但要注意建设主体之间的合作方式与建设内容的"搭配"，否则会浪费资源。构建新型农业公共服务体系建设框架，确定建设主体责任，便于为新型农业公共服务体系建设内容寻找合适的建设方式。

第一节　新型农业公共服务体系建设原则

一、市场化原则

农业公共服务体系建设的投资主体是政府，部分农业服务体系建设政府可以依靠统治行为直接参与，如制度服务建设；而部分农业服务政府则只能是投资主体，如农业基础设施、农业市场服务等。政府财政投入有限，如果政府既是投资主体又是建设主体，免不了存在建设质量问题、建设周期延期、资金挪用等问题，此外，政府投资于农业公共服务的建设资金有限。市场化原则是指按照市场规律来建设农业公共服务。如农业基础设施、农地平整项目等采用招投标制委托给市场主体建设，同时委托第三方监理单位监督，这既能缩短农业公共服务建设周期，节省建设资源，同时更重要的是在第三方监理单位监督下保证了建设质量。

二、集约化原则

集约化经营的基本内涵有本义和现代义两种解释。《辞海》解释其本义为："集约"是指农业上在同一面积投入较多的生产资料和劳动进行精耕细作，用提高单位面积产量的方法来增加产品总量的经营方式。现代意义的"集约化经营"的内涵，则是从苏联"引进"的。1958年苏联经济学家第一次引用"集约"一词，解释其义为：指在社会经济活动中，在同一经济范围内，通过经营要素质量的提高、要素含量的增加、要素投入的集中以及要素组合方式的调整来增进效益的经营方式。简言之，集约是相对粗放而言，集约化经营是以效益（社会效益和经济效益）为根本对经营诸要素重组，实现最小的成本获得最大的投资回报。农业公共服务体系的集约化是指在其内部集约新型农业科学技术和管理经验。新型农业公共服务体系与传统之间的区别在于服务效率，体现在农业公共服务的服务方式、信息传递方式等，这种集约化的服务方式让农户获取农业生产方面最全面的信息要素，做出农业生产决策。

三、高效性原则

新型农业所需的公共服务体系是用新型农业科技武装的服务体系，在科技支撑下，农业公共服务体系能够迅速捕捉农户服务需要，迅速对农户服务需求作出反应，在最短的时间内提供详尽的服务信息。图6-1是新型农业公共服务体系信息反应流程，该图由农户服务需求信息、农业公共服务信息捕获中心和农业公共服务集成中心组成，其中农业公共服务信息捕获中心是信息传递的中介，这直接影响了农业公共服务体系建设供给和农户农业公共需求意愿表达。农业公共服务集成中心根据捕获中心提供的信息提高储存的现有信息，并根据服务的信息集成现状建立和完善现有集成中的服务体系。因此，农业公共服务信息捕获中心关系农业公共服务的服务效率。在新型农业公共服务体系建设中，必须采用新型农业科技武装农业公共服务，使农业公共服务具有高效性。

图6-1　新型农业公共服务体系信息反应流程

四、动态性原则

随着经济发展和居民收入水平提高，居民消费者偏好发生了动态性变化，从一般商品到高档商品再到奢侈品的物质消费转变，从解决温饱问题到小康生活再到富裕生活的生活方式转变，从物资生活到健康生活再到精神生活的转变。图6-2反映了消费者偏好变化、农产品市场变化、现代农业发展路径调整和农业公共服务体系完善的收敛趋势。消费者健康生活的追求推动绿色和有机农产品市场发展，而又推动了新型农业发展，并引导现代农业发展途径调整，农业公共服务体系按照新型农业发展路径完善体系建设。动态性原则要求转变建设思维，紧扣新型农业动态变化，完善建设内容。

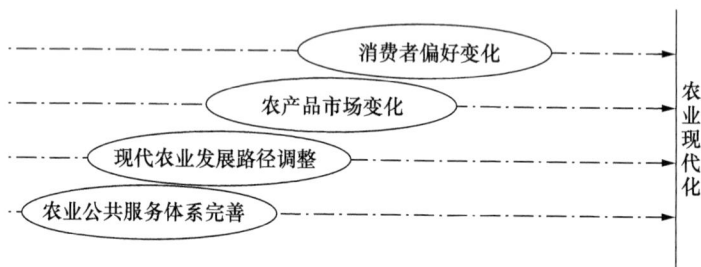

图6-2　消费者偏好、农产品市场、新型农业发展和农业公共服务体系建设趋势

五、限制性原则

在会计界，限制性原则也称为重要性原则，美国财务会计准则委员会（FASB）对重要性原则的定义为："根据周围的环境，会计信息的遗漏或错报很可能会改变或影响依赖这一信息的人的判断。"即该项信息的重要性大到足以影响决策①。

文中限制性原则是指当前约束新型农业发展的公共服务。中央和省级政府财政投资水平有限，农业比较优势决定农户不可能成为农业公共服务投资主体，社会市场主体在农业公共服务体系中的分工不同，在新型农业发展各时期扮演了不同的角色，在农业公共服务体系建设中的作用存在显著性差异；此外，尚未建立农业公共服务的激励机制。然而，农业是国民经济的基础性产业，是提高农户收入的基本手段，发展新型农业是提高农户收入和重视农业产业基础性的重要体现。引入马克思双重论观点认为抓住事物发展的主要因素和次要因素有利于促进事物发展变化中的矛盾统一。因此，建设农业公共服务体系必然要求抓住建设的

---

① 罕尼·梵·格鲁宁（Greuning H.）．美国财务会计准则：实用指南，经济科学出版社，2002.

重点内容，即限制性原则。

六、兼容性原则

从横向看，农业公共服务体系由七个子体系构成，七个子体系形成了独自的内部结构和独具特色的功能外，还相互衔接和作用形成了功能完善的农业公共服务体系。如农业科技需要具有一定学历的农户才能掌握，而具有一定学历的农户要能拥有农业机械面临一系列问题：一是农户自身收入有限，需要政府创新农村金融体系，给予农户以资金支撑；二是需要政府财政投资；三是农户自己不可能创新农业机械，必须要政府组织农业技术科研人员研究。由此看，只有独具特色且又有相互衔接作用的农业公共服务体系才能将作用发挥到极致。从纵向看，农业公共服务体系功能是一个不断完善和健全的过程，如果按照现有需要设计，只能满足现代发展需求，而新型农业发展是一个持续发展过程且其自身是农业现代化的一个历史阶段，未来则需重新建设，重新设施，不仅浪费财力，而且还会错过发展良机。所以建设农业公共服务体系除了满足当前新型农业发展需求，而且还要满足未来农业发展需求。因此，建设新型农业公共服务体系必须满足兼容性原则。否则，耗费大量人力物力建设的农业公共服务体系只能在短期内发挥服务作用，长期也将会成为新型农业发展的障碍。

七、倾向性原则

各地区新型农业发展不同，广西地域广阔，由山区、丘陵和平原组成，从广西新型农业发展现状和格局来看，发展速度优先序是：平原、丘陵和山区。如平原地区的农业机械化已达到98％，而丘陵和山区仅仅达到35％；平原地区的农户文化程度整体高于丘陵和山区；平原地区由于地势原因，农业信息化普及成本比丘陵和山区低，信息化普及程度相对较高，这形成了平原地区发展新型农业的服务优势。抓住重点建设农业公共服务体系的子体系，也应根据新型农业发展程度有所区别，即倾向性原则。只有实现农业公共服务体系倾向性建设，才能发挥地区资源优势，提高新型农业发展的整体建设水平。

第二节 新型农业公共服务体系建设思路

一、由静态建设向动态建设转变，满足新型农业发展需求

1978 年十一届三中全会后，农业实现了家庭联产承包责任制，农业发展依

靠 1978 年之前建设的和之后各年度农户按劳动力投资政府补贴形成了公共服务体系，从总体上讲，1978～2003 年期间农业公共服务体系处于建设停滞阶段，农业依靠内生动力推动发展。2003～2011 年，中央连续 8 年出台了关于新农村建设、新型农业发展、推动农业科技等方面的一号文件，使农业实现了跨越式发展，粮食连续 5 年增收。农业公共服务体系建设经历了体系形成阶段、初级发展阶段、低级发展阶段和当前的中级阶段，使农业生产方式产生了巨大变化，农业生产模式得到了彻底改观，推动传统农业进入了新型农业的门槛。农业公共服务体系形成历程证明，由静态建设向动态建设转变，抓住薄弱环节，才能满足新型农业发展需要。

由静态建设向动态建设思路的转变，要求掌握农业发展趋势和规律。农业发展的总体趋势是：传统农业、农业机械化、新型农业、信息化农业和农业现代化。在农业现代化过程中，家庭联产责任制贯穿始终，在此基础上推动农地规模化生产和集中经营，同时改革农业生产方式，推动农业机械化，用新型农业科技武装农业生产，实施农业信息化，为农户及时提供农业产前、产中、产后等各类信息，促进农业生产发展。建设农业公共服务体系必须以农业发展为主线，以农户服务需求为依据，逐步动态化建设既符合农业生产又满足农户需求的农业公共服务体系。

二、由局部建设向整体建设转变，提高公共服务功能水平

从国外农业现代化历程看，农业现代化发展速度最快；其次是信息化农业，再次是农业机械化、现代化；最后是传统农业，农业公共服务体系的完善程度和效率与此相对应。可见，农业公共服务体系的完善程度直接影响农业现代化发展速度。

农业公共服务体系由七大子体系构成，各体系功能有别，但又相互衔接相互辅助，实现 1 + 1 > 2 效果。农业发展服务体系、农业制度服务体系、农村金融服务体系、农业基础设施服务体系等提高农业科技普及程度，而农业科技推广和普及又反过来带动农村金融服务体系创新、农业基础设施服务建设，提高农户科技意识，形成了农业公共服务体系良性运行机制，共同促进新型农业发展。

三、由政府决策向农户决策转变，实现公共服务供需平衡

政府的自上而下决策机制中的"下"是农业生产"前线"的农户，而"上"是指农业公共服务体系建设决策者"政府"，该决策机制是政府根据新型农业发展现状来判断农业公共服务体系建设内容。使用该决策机制的后果是：建设瞄准错位，局部供给大于需求，局部供给不足，总体建设供给不足，整体服务效率低

下，无法与新型农业所需服务实现"对接"，最终导致农户用脚投票。

由下而上的决策机制是指政府根据农户意愿来制定农业公共服务体系建设内容。该机制需要建立农业信息捕捉反馈中心，信息捕捉反馈中心捕捉农户农业公共服务的需求信息，从现有农业公共服务信息库中比对，如果库中存有信息及时提供给需求农户，如果没有迅速组织专家论证并确定建设主体和项目工程。该机制遵从了农户意愿，农户作业于农业生产第一线，相对于建设主体而言，比较了解农业发展需要的公共服务，如果农业公共服务体系建设不满足农户意愿，农户用脚投票，改变农业生产决策。建立由下而上决策机制帮助政府识别农业公共服务体系建设重点，既弥补了短期内农业公共服务体系对农业发展的约束，又弥补了农业公共服务体系本身存在的局限性。

四、由政府建设向社会市场转变，提高公共服务建设效率

我国政府正在从管理型向服务型转变，社会公共服务建设内容繁多，而农业公共服务体系建设仅是其中一部分，因此政府建设农业公共服务体系的财政资金有限。此外，政府的能力有限。尽管政府是部分农业服务体系投资主体，并非建设主体。如果政府参与农业公共服务体系建设，因为政府自身办事效率的原因，将会延长农业公共服务体系建设周期，导致农业公共服务体系建设质量下降，可能出现挪用建设资金等问题，而使新型农业发展缓慢，丧失发展机遇。将政府建设主体的功能委托给社会市场主体，在市场机制作用下，不仅可以节约农业公共服务体系建设成本，而且还将提高其建设效率和质量。

农业公共服务体系由政府向社会市场转变要求建立完善的招投标机制，政府委托相关部门向社会市场发出项目建设招投标的相关信息，按照市场机制，凡是有参与意向的建设者必须提前提交投标书，然后在规定时间到规定地点参与竞标，通过竞争机制来降低农业公共服务体系建设成本，提高建设质量和建设效率。

五、由政府监督向农户监督转变，提升公共服务质量水平

不论是政府建设还是社会市场主体建设，农业公共服务体系的直接受益者都是农户，在建设过程中都会出现挪用资金、偷工减料、节约成本等，而降低农业公共服务体系建设质量。农业公共服务体系建设资金主要来源于中央和省级政府财政划拨，虽然原则上要求地方政府按比例补充资金，但从调查数据看能够按照要求补充资金的地方政府所占的比例为1.23%，67.23%的县市级政府出现资金挪用。这是因为政府利益表现在考核机制上，政府官员升迁考核政绩，政绩考核量化指标是GDP，发展农业短期内难以表现出政绩，而唯有发展农业以外的其他

产业经济。社会主体的农业公共服务按照要求收取一定的成本费，社会主体收入来源于国家补贴，与市场主体存在较大的收入差距，因此社会主体有动机采用上述方式来提高收入。市场主体参与的行业虽然资源配置效率高，但是对于市场失灵的领域市场主体无法参与进来，农业公共服务的本性决定了市场主体的参与决策。从上述分析看，政府和社会市场主体的利益和农业公共服务体系建设质量好坏的联系不大。此外，农业公共服务体系服务周期较长，在短期内的农业效应高低难以表现出来，而这将直接影响新型农业未来发展进程。改变这种监督机制缺陷，唯有将监督权转移给利益主体。农户是农业公共服务体系的直接受益主体，农业公共服务体系的建设质量关系到农户未来收入。而且在农业生产过程中，农户的用脚投票行为无处不在。

由政府监督向农户监督转移，需要建立利益衔接机制，将农户收入现状纳入政府和社会市场主体关于农业公共服务体系质量考核范围内。对于政府，将农户收入现状纳入政府官员升迁考核机制中，并建立惩罚机制。对于社会主体和市场主体建设的农业公共服务体系实现"双期"考核，即建设完工考核和运作性效率考核。

第三节　新型农业公共服务体系建设内容

一、农业基础设施建设内容

农业基础设施建设一般是指：一是农田水利建设，如防洪、防涝、引水、灌溉等设施建设；二是农产品流通重点设施建设，商品粮棉生产基地，用材林生产基础和防护林建设；三是农业教育、科研、技术推广和气象基础设施等。2011年出台的《中共中央国务院关于加快水利改革发展的决定》"一号文件"提出"3个把"的基本思路：把水利作为国家基础设施建设的优先领域，把农田水利作为农村基础设施建设的重点任务，把严格水资源管理作为加快经济发展方式转变的战略举措。2012年出台的《关于加快推进农业科技创新持续增强农产品供给保障能力的若干意见》"一号文件"包括：加大投入强度和工作力度，持续推动农业稳定发展；依靠科技创新驱动，引领支撑新型农业建设；提升农业技术推广能力，大力发展农业社会化服务；加强教育科技培训，全面造就新型农业农村人才队伍；改善设施装备条件，不断夯实农业发展物质基础；提高市场流通效率，切实保障农产品稳定均衡供给六方面内容。文件指出实现农业持续稳定发展、长期确保农产品有效供给，根本出路在科技；确定持续加大财政用于"三农"的支出，持续加大国家固定资产投资对农业农村的投入，持续加大农业科技投入，确保增量和比例均有提高。对于农产品流通重点设施建设的内容，2004～2010年的中央一号文件几乎每年都单列条款给予说明。

从广西农业基础设施区域分布看，平原地区已经建设完善，丘陵地区雏形出现，山区建设初级阶段。平原地区提高新型农业科技武装程度和科技集约化，用信息化改变传统基础设施服务方式。丘陵地区完善农业生产设施服务体系，在完善过程中用现有农业科技武装，同时提高新建农业生产服务设施的兼容。提高山区农业生产服务设施的投资力度，山区农业生产更为零碎，逐渐完善与山区农业发展速度相适应的农业公共服务体系。此外，提高现有农业生产服务设施整合力度，提升现有农业生产服务设施的整体服务效应。

二、农业科技服务建设内容

农业科技服务包括新型农业生物技术工程、农产品精深加工技术、农产品储藏保鲜技术、农产品综合利用技术及产品、优质高效安全畜牧业技术及产品、高效名特优水产业技术及产品、林特业领域技术及产品、农作物种子种苗技术及产品、产品安全与标准化生产技术、工厂化设施农业技术及新装备、农用新材料及支农新技术与新产品、农业高科技园区和特色农业产业基地主导产业共性关键技术、农业龙头企业提升为农业科技（高新）企业关键技术及产品开发等内容。

陈萌山说，新中国成立60多年来，特别是改革开放30多年来，我国农业农村发展取得举世瞩目的成就，农业科技发挥了关键支撑作用。同时，与建设新型农业的新要求和国际先进水平相比，差距仍然较大，突出表现在"三个不足"：一是创新成果供给不足。农业科技总体水平还不高，跟踪式、模仿式，甚至低水平重复式研究还较多，类似杂交水稻、黄淮海综合治理等重大成果多年少见。我国50%以上的生猪、蛋肉鸡、奶牛良种，90%以上的高端蔬菜花卉品种依赖进口。二是农技推广服务不足。基层农技推广体系还存在许多突出问题。如管理体制不顺、运行机制不活、经费投入不足、条件建设薄弱、人员素质不高等，推广能力落后于生产和农民需要。三是农业人才总量不足。农业科研缺乏领军人才，基层农技人员年龄老化问题突出。大量农村青壮年劳动力进城务工，农村"谁来种地"、"谁来养猪"已成为绕不过去的严峻问题。除了上述三个不足外，广西农业科技还表现在农业科技贡献率低下、农业科技技术转化率低下、农业科技应用和推广机制缺失等。

广西农业科技服务体系建设首先是齐抓农业基层推广服务和农业科技转化，将养在闺中的成熟科技迅速推向生产一线，转化为农业生产力。其次是建立科技应用和推广机制，该机制应包括农村科技服务人才引进机制、农业科技服务质量激励机制和农业技术人才培养机制。人才引进机制重点引进农科高校和农业职业院校的学生充实人员，提高基层科研人员整体素质和技术专长；激励机制包括工资、待遇、奖励和晋升等方面内容，将人才引进来、留得住、起作用；农业技术人才培养机制在短期内改变现有科技人员技术不足、文化程度低等现状。同时重点推动农产品保鲜、存储等技术，协调季节性农产品导致的供过于求或者供不应求。再次是加快农产品深加工科研技术研发，宏观控制农产品价格，促进食品多样化，以解决市场局部需求旺盛供不应求和局部市场需求不足导致的供过于求。最后是完善农业专家科技服务制度，建立农业专家点对点服务模式，提高农业科技转化率和科技实用性。

三、农村金融服务建设内容

从发展国家金融服务建设现状来看，印度的农村金融体系比较健全和完善，表现在：农村金融机构网点多、覆盖率高，有为农民贷款服务的担保、保险等支持系统，有专为弱势群体贷款的金融机构，政府与金融界重视帮助农民创业。近年来，我国农村金融服务体系改革创新取得了一定的成果。为了深入落实党的十七届三中全会精神，以加快农村金融产品和服务方式创新为突破口，进一步改进和提升农村金融综合服务水平，2008年10月，中国人民银行、银监会联合出台了《关于加快推进农村金融产品和服务方式创新的意见》（银发〔2008〕295号），选取中部六省和东北三省部分有基础的县、市，开展加快推进农村金融产品和服务方式创新试点，内容包括五大方面：一是大力推广农户小额信用贷款和农户联保贷款。二是创新贷款担保方式，扩大有效担保品范围。三是探索发展基于订单与保单的金融工具，提高农村信贷资源的配置效率，分散农业信贷风险。四是在银行间市场探索发行涉农中小企业集合债券，拓宽涉农小企业的融资渠道。五是改进和完善农村金融服务方式，提高涉农金融服务质量和服务效率。对符合条件的县级分支机构合理扩大信贷管理权限，优化审贷程序，简化审批手续。推广金融超市"一站式"服务和农贷信贷员包村服务。但总体来看金融供需缺口仍然较大。广西农村金融体系缺点表现在：农村金融体系残缺不全，网点少、覆盖率低、有空白点，扶贫贴息贷款异化为相对富裕户的专利，等等。

广西金融服务建设内容着重如下几方面：一是大力推动农村金融机构创新改革，提高农村金融机构网点。二是创新覆盖农业产前、产中、产后领域的各种农村金融产品，进一步提高农村金融机构的输血功能。三是完善农户信用系统，提高农村金融机构的市场风险、贷款风险、信用风险等各类风险的抵抗力，降低农户贷款门槛限制，提高农户贷款业务规模。四是促进各类农业保险市场发展，健全农业保险制度，提高农户自然灾害、市场波动等风险抵抗能力，降低农户损失。

四、农业发展服务建设内容

农业发展服务已成为科技推广的"短板"。农业发展服务包括农村基础教育、农村人力资源储备、农业发展规划、农民保障等服务，其中农村基础教育指农村九年义务教育，农村人力资源储备包括农业职业教育、农业技术培训、农业人才引进、农业高等院校教育等，农业发展规划包括农业产业规划、农业发展趋势等，农民保障包括农民养老保险、农民失业保险、农民最低生活保障、农村合作医疗等。

2006 年 6 月 20 日，《中华人民共和国义务教育法》（修订）规定核心在于强调教育公平，明确了农村义务教育经费保障的基本内容，即由国务院和地方各级人民政府根据职责共同负担，省、自治区、直辖市人民政府负责统筹落实的体制。两免一补（免费提供教科书、免杂费及对其中的寄宿生补助生活费）在全国全面推开。从 2007 年春季学期起，广西全部免除农村义务教育阶段学生学杂费。2010 年 12 月 4 日广西第十一届人民代表大会常务委员会第十九次会议通过《广西义务教育条例》，依法实施九年义务教育制度，并加快普及学前教育和高中阶段教育。《国家中长期教育改革和发展规划纲要（2010～2020 年)》、《教育部关于推进高等职业教育改革创新引领职业教育科学发展的若干意见》和《中高职协调发展指导意见》要求在"十二五"时期，加快发展新型农业，提高制造业核心竞争力，推动服务业大发展，建设现代产业体系，迫切需要加快建设现代职业教育体系，系统培养数以亿计的适应现代产业发展要求的高素质技能型人才，为现代产业体系建设提供强有力的人才支撑。农业部科技教育司刘艳副司长在开幕式上就当前农业政策与农业职业教育需求作了讲话，提了三点要求：农业职业院校要不断提升科技创新和服务"三农"的能力和水平；农业职业院校要为促进"三农"工作又好又快发展提供人才保障；农业职业院校要围绕农业改革发展大局做好教育体制机制创新。

2002 年 10 月，《中共中央、国务院关于进一步加强农村卫生工作的决定》明确指出：要"逐步建立以大病统筹为主的新型农村合作医疗制度"，2006 年卫生部、国家发展改革委、民政部、财政部、农业部、食品药品监管局和中医药局联合出台了《关于加快推进新型农村合作医疗试点工作的通知》，到 2010 年新型农村合作医疗制度要基本覆盖农村居民。2011 年 2 月 17 日中国政府网发布了《医药卫生体制五项重点改革 2011 年度主要工作安排》。这份文件明确，2011 年政府对新农合和城镇居民医保补助标准均由上一年每人每年 120 元提高到 200

元；城镇居民医保、新农合政策范围内住院费用支付比例力争达到70%左右。

2007年《中共中央国务院关于积极发展新型农业扎实推进社会主义新农村建设的若干意见》（中发〔2007〕1号）和温家宝总理在十届全国人大五次会议上作的《政府工作报告》都指出要在全国范围建立农村最低生活保障制度；国务院出台《关于在全国建立农村最低生活保障制度的通知》明确要求通过在全国范围建立农村最低生活保障制度，将符合条件的农村贫困人口全部纳入保障范围。

与全国比较，近年来广西完善了农民最低生活保障、农村合作医疗等农村社会保障。与新型农业所需公共服务相比，今后一段时期要重点完善如下几方面服务：第一，健全农业职业技术教育。当前广西农业科技推广由农村基层推广服务体系和农业职业教育体系两途径构成。广西从2007年开始改革了乡镇"七站八所"，建立了相对比较完善的农业基层推广服务体系，而农业职业教育建设相对比较落后，这主要由于制度原因。随着支持农业职业教育的政策出台，建设农业职业教育就应成为当前建设重点。第二，完善农村社会保障制度。农村社会保障制度从表面上看，和新型农业关联度不高，实际上农村社会保障制度推动农田规模化经营和适度集中经营，农村社会保障制度的完善取代了耕地的社会保障功能。

五、农业市场服务建设内容

农业市场服务包括农产品流通、销售、农资市场、农资安全建设、病虫害防治、疫病疫情防治、农产品质量认证、农产品原产地追溯制度、农产品有机和绿色认证，等等。近些年来，中央政府和广西推动农产品市场发展，建立了农产品批发市场、农产品生鲜超市、农超对接模式等多种销售渠道，健全了农资质量生产标准和市场质量检查制度，完善了农产品病虫害防治体系，建立动植物疫病疫情检测、防治和预警机制，推广了农产品质量认证标准，完善了农产品原产地认证制度、绿色和有机农产品认证制度。

当前，建设广西农业市场服务包括如下几方面：一是农产品市场信息化程度。农产品价格和销售情况直接影响农户生产决策。二是完善农产品病虫害防治体系。随着农业生态环境日益恶化，农产品大规模病虫害爆发日益频繁。凭借农户个人之力难以战胜，完善农产品病虫害防治体系，有效提高农产品产值。三是完善农资生产质量标准和农资市场监测体系。质量高的农资商品能够生产出满足国家绿色或者有机要求的农产品，能够获得消费者青睐，提高农户收益，否则农户收益降低，使之改变未来农业生产决策。

六、农业生态环境建设内容

据农业部《农业资源与生态环境保护体系建设规划》资料显示，我国人均耕地仅为世界平均的1/3，人均水资源拥有量只有世界平均水平的1/4。全国天然草原大面积退化，渔业水域"荒漠化"日趋明显。农业生物资源破坏和流失加剧，外来有害生物入侵问题日趋严重。与此同时，工业"三废"污染使农业环境整体恶化，农业自身的面源污染也日益突出。中央曾指出："农业生态环境必须引起高度重视，要以强烈的责任感和紧迫感，早下决心，下大决心，经过长期奋斗，使农业生态环境有比较明显的改善。"根据最新的森林资源及荒漠化、水土流失、野生动植物等调查和监测结果综合分析，我国生态建设已由"破坏大于治理"转向"治理与破坏相持"新阶段。

2006年9月29日广西第十届人民代表大会常务委员会第二十三次会议通过了《广西农业生态环境保护条例》。该条例要求加强对污水的监督与管理、防止废气对农业的污染和防止固体废物对农业的污染。为了控制农业面源污染，该条例重点规划了实行科学用肥、严格控制农药施用、推行农用废弃物的回收处理制度、推进秸秆综合利用和加强对养殖业的管理。时至今日，广西农业生态的恶化趋势得到遏制，但与国外农业现代化国家相比，还存在一定距离。第一，提高农业生态执法力度。包括水源污染、面源污染等生态污染方面的中央层面和省级层面的法律体系逐渐健全，然而执法力度却成为农业生态保护的障碍。第二，建立水污染跨区域治理补偿机制。就广西而言，河流污染是由广西上游省份发展工业造成的，然而污染造成损失却由广西即下游省份来承担。建立水污染跨区域治理补偿机制，有效提高水源生态保护。第三，建立生态环境治理奖励机制。农业生态污染从某种程度上讲归咎于现有政府考核机制，政府官员只负责任内工作，而任内工作考核指标是GDP，因此抓住GDP就抓住了升迁的机会，导致部分官员忽视生态环境建设。第四，建立生态治理长效机制。生态环境治理需要长期投入，政府对农业生态环境治理进行长期规划，确定专线基金，进行综合治理。

第七章 加快新型农业公共服务体系 建设的基本思路

第一节 新型农业公共服务体系 建设的国际经验与借鉴

一、新型农业公共服务体系建设的国际经验

（一）发达国家新型农业公共服务体系国际经验

1. 农业公共服务体系高效性服务效率

农业科技进入使得农业产业链整体出现高效性，具体表现在：农业信息流动高效性、农业生产高效性和农产品销售高效性三方面。

发达国家早期科技建设主要集中于农业生产效率的提高，如美国农业机械化普及、欧盟成员国根据农业资源使用现状而推动大中小型农机普及、日本人多地少的特征使得日本大面积普及小型农机具，等等。农业机械化是农业现代化必经之路，选择与国情、农情相吻合的农机发展模式使得农业资源使用效率和生产效率得到大幅度提升。然而，随着资源瓶颈的升级，发达国家建立中央、地方和市场三方研究中心，创新农业生产技术，如荷兰农业玻璃温室居世界首位。随着农业生产效率的提高，农产品逐渐由供不应求转变为供过于求，为了改变农民在市场谈判中的弱势地位，改变小生产与大市场的非对称格局，政府利用政策大力支撑农业专业合作社发展，创新农业生产、销售模式，如日本农协组织。

全球农产品供大于求的格局促使发达国家将农业产业链延伸至农产品深加工行业，创新性建设和改变农业信息流通模式。美国早在1948年就建立农业信息方面的法律，而如今的美国农民大部分使用上了现代信息平台。从该平台上，农

民在数秒钟之内就可以获得农产品市场行情、农资供应信息以及农业技术推广等方面的信息。欧盟由成员国组成，每个国家农业信息化建设存在一定差异，但都体现了高效性，如法国利用电视媒体、免费农业杂志等提供信息。

　　发达国家中劳动力具有很强的流动性，如果农民一旦减产减收，将会面临大面积农田抛荒。以美国为首的发达国家通过市场机制构建了包括现代农产品物流体系、城乡公路一体化、现代化农产品营销模式以及农产品期货市场等高效的农产品销售服务体系。美国通过期货市场销售的农产品占比为53%，城乡一体化路网将农产品运往全国各地。澳大利亚的农业基础设施建设重点就是农村道路，发达的交通路网将农村和城市、经济发达沿海地区和生产落后的偏僻农村和山村连为一体，使水果、新鲜蔬菜、活鲜畜牧等产品和工业产品在农村和城市运输畅通无阻。

　　2. 农业公共服务体系层次性内容调整

　　发达国家农业公共服务体系包含了农业科研服务体系、农业技术推广体系、农业基础设施、农业制度体系、农村金融保险体系、农业人力资源建设体系、农村保障、发达信息服务体系以及城乡高速公路网。整体性的农业公共服务体系涉及了农业产前、产中、产后各方面内容。日本政府以农业信息化为主，通过农协组织建设基础设施、社会保障、农业金融等。

　　然而，在建设过程中各子体系所处的地位却不同。当前美国重点利用工业科研成果武装和改造农业，渗透到农业的各个角落。欧盟成员国由于农业发展之间的差异导致了公共服务体系之间建设的重点不同。如北欧国家重点建设农业科研环境，以图推动农业科技创新；法国两手抓，一手抓农业科研，一手抓农业技术推广，以最快的速度将领先科技应用于农业；荷兰政府利用"绿箱"政策加大农业生产基础设施补贴力度。此外，发达国家农业公共服务体系的层次性特征还体现在参与主体所扮演的角色上。美国、欧盟和澳大利亚农业公共服务体系以市场建设为主、政府通过补贴形式给予支助，同时利用补贴形式引导农业发展。日本的农业公共服务体系以社会性和公益性建设为主，政府主要负责建设农业信息化；而农协负责建设金融、保障、交通、技术等。

　　农业生产性服务是农业生产之基石。农业生产性服务实施能有效降低农业生产交易成本，抵抗市场波动风险和自然灾害性风险。

　　3. 农业公共服务体系动态性历程演化

　　回顾欧、美、日、澳的农业发展历程，农业公共服务的建设内容和建设重点各异，但规律性与经济发展态势趋同。

　　欧、美、日、澳早期主要是建设农业基础设施，如水利、沟渠、农地整理等。在后期发展中，美国率先实施了强农政策，重点推广与农业基础设施、农业从业人员素质匹配的农业机械化，并且推动各种农业合作社发展和土地休耕政策，实现农业生产规模化，解决因人多地广带来的土地闲置以及小农场与大市场之间的矛盾。当美国推动全国"信息高速公路"建设时，政府借机将此引入农业，实现农业信息化，解决农民因缺乏市场信息而导致的盲目生产。"二战"后，澳大利亚根据全球经济局势以及国内粮食供给现状，大力建设高速公路网，以期解决农产品供需双向失衡问题，降低农产品的市场交易成本，提供收益。而如今澳大利亚农业公共服务建设侧重于农业科研和技术推广，而将其他公共服务社会化。

日本在农业现代化过程中，发展道路较为崎岖。"二战"失败导致了日本农业内忧外患，政府利用剪刀差强制性将农民收益向城市转移，耕地面积少，农产品供给不足，对外面临着战后赔偿。为了稳定社会，日本政府不得已实行了严格的大米管制政策。在国内经济发展后，日本逐渐放开了大米管制政策，开始加大对农业投入。尤其是 20 世纪 60 年代以后，日本大规模推广小型农用机械，使得农业生产实现了跨越式发展。如今的日本农业公共服务体系建设和美国相仿，大力建设农业信息化。

农业发展的阶段是其事物发展规律的体系，推动农业发展需要有与其相适应的公共服务。因此，农业公共服务体系建设不仅要表现为内在的动态性规律，而且要与农业现代化发展的进程和规律相适应。此外，农业公共服务体系要表现出前瞻性和战略性。只有建设具有前瞻性和战略性的公共服务体系才能加快农业现代化发展速度，提升农业国际市场竞争力。

4. 农业公共服务体系规范性制度建设

发达国家农业之所以能按照既定路径成功实现农业现代化，归根结底是有健全的农业法律法规。

农业法律法规的相对稳定性和规范性消除了农民的后顾之忧。美国自从农业粗放型发展开始，就以法律为准绳对农业投资行为进行规范，引导农业生产方向。如早在 1948 年，美国就在《农业法》中规定了农业技术信息服务，而在1962 年对农业技术、农业科研等形成了三横三纵的农业科技服务体系；随着农业发展，为了保证农业信息及时性，美国政府在 1964 年进一步对农业技术信息服务的质量进行规范。欧盟则按照 WTO 的要求对农户实施补贴，补贴范围覆盖了农业产前、产中、产后以及农林牧渔等各方面。日本的农业制度更为严格，如日本在《农地法》中规范了耕地的各种用途，违规使用耕地将会受到严厉的惩罚；而近期出台的《新农地法》中对此惩罚更为严格。此外，日本还建立了各种农产品质量检测法规、农产品生产法规、农产品原产地法规等各种制度。

发展中国家印度、韩国和巴西与欧、美、日、澳相比，在制度建设方面有过之而无不及。如印度早在 20 世纪 80 年代初期就出台《合作法》来规范农业合作社发展，引导其成为农业公共服务供给者，而韩国农业法律法规建设更是细化到农业各个层面，并通过宪法的形式确定相关法律适用时间和期限，如韩国 1994年为规范农业信息化建设而颁布的《渔业振兴计划和农业政策改革计划》。巴西通过农业政策确定农业补贴水平，并规定农业补贴的提升水平。

（二）发展中国家新型农业公共服务体系国际经验

1. 政府积极参与供给农业公共服务

与发达国家相比，印度、韩国、巴西等发展中国家的农业公共服务体系建设还存在一定的差距。但这些国家高度重视农业公共服务体系建设。作为农业发展后起之秀的韩国，以农协为主，建立结构严谨、分工合理的农业公共服务供给体系。巴西围绕农村基础设施展开建设，通过一二三期规划，建立了完善的农村基础设施服务体系。印度重点建设农村保障服务，解决农户生产生活风险问题。在农业公共服务建设过程中，政府是其建设的主导力量，为农业公共服务体系建设提供了众多支持，如财政支撑、税收减免、信贷优惠、法律制度等。此外，发展中国家政府还大力支撑农业合作社、社会主体和市场主体参与农业公共服务体系的建设，以此提高农业公共服务建设和运作效率。

2. 农业专业合作社是农业公共服务的主要角色

印度将农业专业合作社建设上升到了法律扶持的高度，通过制定《合作法》，保证农业合作社发展拥有良好的社会生态环境。印度农业专业合作社的主要职能是：购销农资、购销农产品、农业信贷和担保、农业保险等。巴西拥有各种类型的农业专业合作组织，这些合作社组织严密、分工科学；如按层次分，巴西农业合作组织由高到低分为全国合作社组织、州合作社组织、中心合作社和基层合作社，按职能分为供销合作社、渔业合作社和农村电气化合作社等，这些合作社为农户提供农资、技术、农产品储存、农产品运输等。韩国早在 1961 年就建立了全国性联合组织——农协中央会，该组织是韩国农村金融中心，为农户提供农业贷款、信贷担保和农业保险。发展中国家农业取得如此成就离不开农业专业合作社发展。

3. 农业科技信息服务是政府建设的重点对象

在政府支撑下，印度、巴西、韩国的农业公共服务体系得到了较快发展。印度各级农业部门领导的 60 个科研机构组成了印度官方农业科研体系，从职能将其进行细分。中央科研机构负责重大农业创新性项目，地方各地科研部门负责农业新技术推广。巴西加大农业公共服务体系建设起始于 20 世纪 70 年代末工业化中期，特别重视农业交通、仓储、灌溉、农业科研及技术推广等内容。1986 年，韩国政府投资 20 亿美元建设农业信息基础设施。到 1994 年，韩国政府为了进一步强化农业生产中信息化的影响，颁布了《渔业振兴计划和农业政策改革计划》法规。科技信息化贯穿农业产前、产中、产后全过程，对提升农业生产比较效益、增强农业发展的稳定性具有不可替代的作用。

二、新型农业公共服务体系国际经验的借鉴

通过对国外农业公共服务体系建设分析，不难发现，尽管发达国家和发展中国家的农业公共服务体系建设存在千差万别；但通过比较研究它们在建设过程中所表现出的特征，得出结论：农业公共服务体系建设经验具有一定的普遍适用性。因此，我们从中得到如下启示：

（一）建设农业公共服务体系重点内容

国外农业公共服务体系建设与宏观经济保持同步。"二战"之前，美国利用休耕等政策鼓励农民建设农业基础设施，整理农田等；"二战"后，政府利用价格补贴、农村信贷等政策协同推广农业机械化，建立完善的农村金融服务体系、农业生产性服务；随着国家信息公路建设，美国迅速利用信息化武装农业，推动美国农业进入信息化时代。"二战"后，日本农协基于国家大局主要负责大米调运，随着国内工业经济发展，大米管制政策松动，农协职能进行了相应的拓展，从供应农资到农产品销售再到农村金融体系完善。与美国不同之处是日本的农业基础设施，如水利灌溉设施、机耕路、农产品交易场所等全由政府投资建设。发展中国家巴西围绕农业发展的主线，集中精力建设包括农田水利、机耕路在内所有基础设施。印度政府将主要精力用于农业科研和推广与发展农村合作社。当前韩国主要集中精力打造包括农业科研和技术推广、信息化在内的新型农业公共设施。

国外农业公共服务体系建设重点内容和形式存在显著差异，造成这种差异的主要原因为：一是农业体制机制完善程度不同。欧、美、澳具有完善农业制度；日本尽管受战争的影响，但在美国支持下和国内经济发展，也迅速建立了相对完善的农业制度体系；印度、巴西的相关农业制度建设比较滞后；韩国受国内政治格局的影响，导致农业发展比较滞后，然而新村运动使农业建立相对完善的制度。但国外农业公共服务体系建设的相同点是以农业生产性设施为切入点推动农业现代化发展。二是农业公共服务体系理解差异。美国、日本、印度、巴西和韩国将农业公共服务体系理解为农村生活类服务，欧盟将农业公共服务体系理解为城乡公共服务一体化建设内容。三是农业发展程度不同。欧、美、日、澳农业发展速度明显高于印度、巴西。四是政府扶持力度不同。欧美国家工业发展迅速，为大力扶持农业提供了可能性；而印度、巴西工业发展缓慢，农业服务体系建设只能依靠社会主体循序渐进。

从上述国外建设农业公共服务体系过程来看，不论是发展中国家还是发达国家建设农业公共服务体系一定和国情、农情结合在一起，抓住农业发展的薄弱环节，按照农业发展内生规律引导和促进农业快速进入现代化。

（二）提升科技、金融和信息服务水平

不论是发达国家还是发展中国家，农业科技、金融和信息化都是重点建设和重点支撑内容。如美国农业公共服务建设由政府部门承担。美国农业部研究局、推广局、州农业研究所和推广局、53所州立大学农学院、农业实验站和县农业推广办公室共同组成了政府农业服务系统，主要职能是在政府财政支持下将农业技术知识免费传递给农户；重点建设信息化服务，让农业信息化服务贯穿整个农产品生产过程。对于农村金融服务，美国通过立法的方式来保持农村金融机构的创新获利。欧盟成员国农业生产要素开发程度和农业科技普及的差异导致了成员国形成了各具特色的农业技术推广体系，但总体上看由三大内容构成：一是农业科研机构；二是公立农业技术类学校；三是农业技术宣传媒介。印度各级农业部门领导的60个科研机构组成了印度官方农业科研体系。韩国对农业技术推广、农户配需、农业科研实行统一管理，由行政长官统一负责，统筹安排。

广西经过60年的建设，形成了覆盖农业产前、产中、产后不同学科领域，中央、省、地（市）、县（市）、乡、集体、个人等层次，研究、开发、应用等不同环节的较为完善的农业科技与推广应用体系；全国农业专业技术人才100万人，基层农技推广人员70多万人，农村实用人才793万人，农业技术人才190万人，农业经济管理人才220万人，两院院士50多人，农业科研机构高级职称科技人员超过1.5万人。但由于体系机构设置不合理、运行机制不畅通、基层农业科技创新与推广应用机构运行不够正常、农业科技创新与推广应用资金投入严重不足等问题，导致农业科技、金融和信息服务效率低下。由此看，建设高效的农业科研、金融和信息服务体系是关键。

（三）加强农业产后服务关键环节建设

农业产后服务是农户收入增加的关键环节。农产品储存、运输、销售、深加工等直接影响农产品市场价格，进而影响农户的农业收入。目前发达国家已形成了产前、产中、产后三位一体服务模式。美国实现了农产品生产管理、农产品总量预测、农产品过程管理、上市交易量预测、农产品期货和现货交易。欧美的各成员农业发展水平存在显著性差异，但以期货和现货交易为中心，展开产前、产中管理。发展中国家把产后管理作为提高农户收入重要手段。印度引发的"绿色革命"，通过生产无公害、绿色和有机农产品，拉高农产品市场价位；为此，形成了农产品储存、运输等相关产后产业链。

经过近几年的努力，广西农业产中服务在政府支持下取得一定成果，如农产品有机和绿色追溯制度、农药生产管理、良种管理等，提高了新型农业发展速度。但我们不难看到"谷贱伤农"的现象，丰收导致农户收益降低。责任归咎于产后管理滞后，即农产品储存、运输、销售等方面建设滞后。强化产后管理应成为我国今后一段时期农业公共服务重点建设内容。

（四）构建政府与社会主体合作新模式

国外实践证明，政府是农业公共服务体系的主要供给者，但不是唯一供给者。除了政府部门外，在法律法规和政策保障下，农业合作组织、农民协会、私人部门等也承担了供给农业公共服务的部分责任。政府部门与公益性组织、营利性组织互为补充。公益性组织和营利性组织弥补了政府供给效率低下、供需失衡等政府失灵，而政府弥补了公益性组织和营利性组织因建设大型水利设施而缺乏的投资资金等。

如日本的农协组织，"二战"后农协组织成为保证城市粮食供应而维持农业生产稳定和农村社会发展的主要力量。农协为农民提供种子、化肥、农具等农资，为农民提供农产品的销售渠道，甚至直接参与农产品销售，为农民提供资金信贷，保证农业生产稳定进行。欧、美、日、澳大力发展农业合作者，如农机合作者、农产品销售联盟等，为农民提供农业生产信息、提供农资服务、提供农产品销售信息，等等。

国务院原副总理回良玉曾指出："农民专业合作社是市场经济条件下党领导农业和农村工作的重要抓手，是增加农民收入、提高农业整体素质、推进现代农业建设的有效组织形式。"自 2007 年 7 月 1 日《中华人民共和国农民专业合作社法》实施以来，我国的农民专业合作社有了法律地位，有关部门和地方政府纷纷制定了一系列的辅助支持政策，使得我国的农民专业合作社得到了进一步的发展。到 2010 年底，广西农民专业合作社数量达到 35 万多家。和国外相比，无论是总量还是专业分工都存在较大的差距。主要表现为如下几方面：一是农业合作社地域和分工不平衡。当前广西农业合作社主要分布在农业生产中，如农机合作社、养殖合作社等，而产前农资供应主要依靠私人主体提供，产后的销售主要由农业经济人来负责；其次地域分布不平衡，广西农业合作社主要集中在平原地区。二是农业合作社成员文化程度低下，管理水平低。20 世纪 90 年代，随着农村剩余劳动力的城市化转移，农村拥有一定学历的青壮年劳动力转移进入城市，从事农业的劳动力都是 993861 部队——老人、妇女和小孩，无法适应市场变化，无法掌握现代科学技术，导致农业生产效率低下。三是农业合作社管理松散，有名无实。广西 83% 农业合作社没有社内规章制度，对社员没有约束力，75% 的农业合作社空壳，建社的目的是套取国家补贴，而不是解决农民分散的小生产与大市场之间的矛盾。

当前，我国发展农业合作社的目的就是解决农民小生产与大市场之间的矛盾。因此，当务之急是进一步加大对农业合作社扶持力度，与此同时强化农业合作社市场运行的规范化，对违反相关法律法规的农业合作社给予坚决取缔，形成以政府为主，采取扶持与惩罚并举的组合拳政策，将农业合作社纳入经济运行良性轨道之中。

（五）推动"三农"服务一体化建设

人为将农业公共服务体系从农村社会化服务体系中剥离开来是不科学的。国外推进农业公共服务体系建设都是将农业服务体系纳入农村公共服务和城乡一体化建设来进行的。国外农村公共服务体系建设和城乡一体化建设包括实现城乡公共设施、保障一体化、城乡教育一体化、文化生活一体化建设等内容。高度工业化和城市化是发达国家农村人口和农村人口所占的比重较低，城乡差别下，因而实现城乡公共服务一体化建设的难度不大。而发展中国家由于经济发展水平低下，财力薄弱，进而导致公共服务均等化的难度大。即便如此，很多发展中国家也走出了一条新路子，如印度的公共医疗、巴西的养老保险都实现了城乡一体化。

三农问题不能孤立。发展农业是解决农村社会问题的关键。农业发展了，农民收入水平提高了，农民拥有闲余资金改善自己生活现状，以至于农村社会问题得到解决。当前，农业公共服务体系是推动农业现代化关键，加快建设和完善农业公共服务体系就是变相推动农业现代化，推动农村社会进步。当然，农业公共服务体系、农村公共服务体系和农民自身发展有其自身的内部规律。因此，建设农业公共服务体系既要符合自身规律又要与三农发展的整体现状和演进路径相吻合。

（六）建立与农业发展同步的法律法规

通过法律法规形式将农业公共服务体系建设的主体、主体责任、资金筹集、成本分摊等形式确定下来，不仅可以形成农业公共服务体系长效机制，而且可以提升农业社会经济绩效。明确公共服务建设主体及责任，给予一定程度的惩罚，规范农业公共服务建设主体的市场行为，保障建设质量，促进农业市场发育。明确资金筹集方式和筹集渠道，保障建设资金，降低筹资成本，以促进社会主体利用有限资源和最短的时间达到项目建设目的。但不论法律法规的形式如何，最终目的都是促进农业发展，提高农民收益。

早在 1848 年，美国就出台了《农业法》；到目前为止美国农业法律法规多达好几千部，涉及转基因食品、农药、化肥、种子生产等各个领域。欧盟由各成员国组成，法律多如牛毛。日本经过几十年的完善，农业法规法律覆盖了农业产前、产中、产后以及农业技术推广等领域。与发达国家相比，尽管发展中国家法律法规尚未健全，但法律法规的建设却紧跟农业发展步伐。如巴西为了土地流转，从1923年到1991年先后17次颁布与农村社会保障有关的政令法规，并于1998年将其纳入宪法。

尽管我国颁布了《农业法》、《农村土地承包法》、《土地管理法》、《农药管理条例》等相关法律法规，但是上述法规受建立之初农业发展现状的约束；随着"三农"发展变化，十几年或者几十年后成为农业发展的"桎梏"。如《农村土地承包法》导致大量耕地抛荒；《农药管理条例》导致剧毒农药泛滥，尽管近几年得到完善，但仍面临执法不严导致农产品生产质量问题；等等。

加强农业法制建设是农业稳定健康发展的保证。如向欧美发达国家学习，在较短时间内建立较为完善而且成效显著的法律法规，确实有一定难度；但是建立与农业经济发展同步的法律规章制度势在必行，只有如此，才能建立促进农业发展行之有效的长效机制。如韩国，正是因为如此才使得韩国农业发生了翻天覆地的变化；也正是因为如此，印度才引发了世界农业的"绿色革命"。

第二节 加快新型农业公共服务体系建设的政策建议

一、建设科技推广网点，完善科技推广机制

2012年中央1号文件明确提出，强化基层公益性农技推广服务，要普遍健全乡镇或区域性农业技术推广、动植物疫病防控、农产品质量监管等公共服务机构，明确公益性定位，根据产业发展实际设立公共服务岗位；要进一步完善乡镇农业公共服务机构管理体制，切实改善基层农技推广工作条件，按种养规模和服务绩效安排推广工作经费。按照这些要求，结合新型农业发展现状，要做好如下几方面工作。

（1）全面建立农业基层信息推广网点，让信息媒介与基层推广网点对接，提高农业科技推广水平。当前农业信息化的普及为农户生产解决了信息不对称的难题，但是农户老年化和文化程度问题使得农业信息的利用效率普遍低下。传统农业中，农户通过科技人员获取的相关信息可以让农户直接进行生产决策；新型农业市场冲击下的农业信息需要农户进行处理、分析，农户文化程度难以达到信息再处理要求，这会误导农户做出错误决策。而农业生产周期长，一旦决策错误将会导致农户陷入贫困危机。可见，解决新型农业信息不对称问题不能仅依靠信

息化普及，还需建立基层农业科技推广体系，充分发挥基层农业推广机构和人员在科技推广中的作用。为此，一是要将农业科技服务员纳入政府编制，以便政府管理和及时传递农业科技政策；二是建立科技推广激励机制，将农业科技推广成效与升迁制度挂钩；三是建立农业科技长期培训机制，推广农业科技最新应用成果；四是完善基层人才吸收机制，采取助学贷款补贴或优先录取等各种优惠政策招聘农业高等或者中职院校的人才，加大投入为其建立良好的工作环境。

（2）构建农业高校技术专家与农户沟通机制，让农业领域最新成果在生产领域得到实践，提高农业科技转化率。当前政府投入农业科研资金增长速度一年比一年高，然而现有的科研成果被束之高阁了，没有转化为农业生产力。许多科研成果脱离了实践，在生产领域内没有利用价值。构建农业高校技术专家与农户沟通机制；建立农业专家下乡激励机制、工作时间制，探索农业科技推广多元化途径；将农业专家下乡实践纳入课题申报要求范畴内，探索农业科研课题与农业实践的信息沟通机制，以实现农业科研来源于实践，用于实践，提高农业科研转化率；利用当前信息化优势等信息媒介，多元化农业专家和农户沟通渠道；建立农业专家固定下乡实践制，提高农业科技推广效率等，让技术专家直接指导农业生产，让技术专家的最新科研成果在实践中得到检验，这有助于农业科研成果的实践转化，同时也让技术专家掌握了农户生产实践中的技术需求和技术难题，为农户技术专家的科研指明了方向。这将推动农业科研与农业生产实现良性对接，推动新型农业飞速发展。

（3）健全完善农业科技服务的长效机制。新型农业和未来实现农业现代化都离不开农业科技服务，因此，农业科技服务是个长期投资工程，需要健全和完善农业科技服务的长效机制。通过与农业生产经营组织、种养大户和产业化基地签订技术推广、承包合同，积极探索按合同要求提供规范化的有偿技术服务途径；通过资金入股、项目技术参股等形式创办龙头企业、合作经济组织、科技咨询中介服务机构等经济实体，探索农业科技推广投入回报新机制；通过转变服务方式，促使科技服务由单纯的技术推广向信息、技术、购销一体化综合服务转化，向农科教一体化转化；通过整合资源，引导组建农民合作组织，发展产业协会等途径，提高技术的集成化水平，降低推广成本，实现农技人员直接到户、良种良法直接到村、技术要领直接到人，提高农业技术的推广普及率。

二、发展职业技术教育，构建人才分流机制

人才是新型农业发展支持基础，新型农业依靠现代科技，与新型农业发展同步的农业公共服务体系也依靠现代科技，现代科技发展要求高学历人才。几年来，农业部采取各种措施提高农业从业人员的文化素质水平，但因劳动者老年化

和结构问题效果不佳。笔者认为当前应完善人力资本机制，才能解决农业劳动力文化程度问题。

（1）大规模开展农村劳动力技能培训。支持新型农民科技培训，提高农民务农技能和科技素质，促进科学种田。要扩大农村劳动力转移培训阳光工程实施规模，提高补助标准，增强农民转产转岗就业的能力。要加快建立政府扶助、面向市场、多元办学的培训机制。各级财政要将农村劳动力培训经费纳入预算，不断增加投入。要整合农村各种教育资源，发展农村职业教育和成人教育。特别是要积极实施农村实用人才培训工程，努力培养一大批生产能手、能工巧匠、经营能人和科技人员。要根据新农村建设的需要，着力提高农业专业技术人才的科技水平和专业素质，不断加快农业专业技术人才知识更新的步伐；紧密结合农业专业技术人才队伍建设的实际需求，统筹规划，分类实施，增强农业专业技术人才培养的针对性和实效性；以中高级专业技术人才为重点，优先培训紧缺专业的技术业务骨干，特别是要在种质资源发掘、保存和创新与新品种定向培育、畜禽水产健康养殖与疫病防控、农产品精深加工与现代储运、农业生物质综合开发利用、农业生态安全、环保型肥料、农药创制和生态农业、多功能农业装备与设施、农业精准作业与信息化等重点领域，培养一大批中高级专业技术人才和技术业务骨干，带动整个农业技术领域知识更新培训工作的深入开展。

（2）优先发展农业高等、中等职业教育，培养农业后备人才。让老年化农户进行农业技术再教育，这是不现实的问题。然而，当前摆在面前的是如何解决农民工子女的教育和工作问题。农民工子女进城务工，由于教育成本和工资等问题，导致农民工子女成为留守儿童，而爷爷奶奶的溺爱导致了他们学习成绩差。如今这一代农民工子女已经逐渐进入劳动市场，从市场反应来看，工资普遍低下，大量失业导致了社会问题。将农民工子女送入农业高等、中等职业院校进行教育，应不失为一种解决途径，储备新型农业发展人才。再辅以其他人才激励机制，将解决新型农业劳动者老年化和低学历问题。因此，探索农业高等、中等职业院校的市场运作模式校长期发展模式，确定农业技术人才就业方向，解决生源问题和市场就业问题；建立农业中等、高等职业院校继续教育机制，探索农业技术人才长期培养机制；建立农业院校产学研模式，探索农业技术人才与科研人才分流机制，促进农业人才市场适应力和科研能力。

（3）建立农村人才分流机制，留住现有农村青壮年劳动者。农村人才分流机制是按照市场规律建立起来的，将劳动者合理分配到行业和岗位中去。调控劳动者配置依靠工资机制，劳动者根据自身能力储备按照相对工资高低配置。与工业相比，农业岗位具有离家近、照顾孩子、易团圆等传统人情优势，而农业所需要的文化程度相对较其他行业低，但农业是体力活，需要一定的体魄。完善农产品价值补贴机制，探索农产品市场价格风险良性防控机制；加大农村金融改革创新力度，解决农业生产规模资金问题；免费为农户提供技术咨询和培训服务，为农户解决投资难题；构建农业岗位优势和相对收入协调机制；等等；这些无疑都有助于现有青壮年农民工回流。

（4）完善激励、评价考核机制，为农业吸引人才、留住人才，并让农业人才想办事、能办事、办成事，带动新型农业发展。现有农业人才支持政策，如大学生支农、支教等，把农业作为就业缓冲带，对农业发展的作用甚微。关键问题是如何吸引和留住农村人才的问题。相对其他行业，农业难、农业苦，农业收益却比其他行业要低许多；从市场角度讲，人才流向农业等于浪费资源。建立农业人才激励、评价考核机制，让农业难和苦的经济价值在制度内得到体现。

三、健全土地市场服务，完善农民保障服务

土地流转是实现新型农业的必要条件，土地流转和土地规模化是现代科技大面积推广的必要条件。然而，土地流转并集中经营因土地的位置而出现显著性差异。如即使山区土地规模化流转也难以达到大型机械推广的条件，平原和丘陵地区对于土地规模化经营政策具有更高的实用性。为此，创新土地流转模式应从如下几方面着手。

（1）建立健全农村土地流转的中介服务机构，培育良好的市场环境。土地流转模式延续了传统方式，即邻居、亲戚、朋友等关系好的优先获得土地，以这种方式获得土地特征：面积小、零碎化；不能规模化生产和集中经营，同时也没有体现土地使用权的市场价值。第一，健全农村土地流转服务中心，建立县、乡、村三级农村土地流转服务机构，形成上下联系、职责明确的服务网络，提供系统化、全方位的农村土地流转服务，推动农村土地规范有序流转。第二，建立农村土地流转资源信息系统，定期收集发布农村土地流转信息，指导、督促乡镇建立健全农村土地流转台账和档案；监督流转合同履行，调解流转合同纠纷；进行土地收益与流转价格评估，提供农村土地流转价格信息服务；依托中心建立辖区农村土地流转交易中心市场，提供流转中介服务，举办流转洽谈会等对接活动，为流转双方搭建交易平台，开展农村土地流转招投标和拍卖等活动，促成农村土地流转。第三，制定农村土地承包及流转合同仲裁办法，建立仲裁委员会办公室及仲裁庭承担具体工作，处理农村土地承包及流转合同纠纷仲裁案件，实行"乡调解、县区仲裁、法院判"的农村土地承包合同服务和维权工作机制。

（2）完善农村社会保障服务体系，解除农民流转土地的后顾之忧。农村社会保障制度是通过国家立法的形式，对农村社会成员由于年老、疾病、伤残、失业、死亡及其他灾难发生而使其生存发生困难时，提供的基本生活保障或帮助而

建立起来的一种社会救济制度，它的基本内容一般包括社会保障、社会救助、社会福利三个部分。而我国农业耕地就扮演了这种保障性角色，完善农村社会保障服务体系，分割农业耕地保障角色，让农业耕地角色回归，解决了农民流转土地的后顾之忧。中央财政要加大对贫困地区的转移支付力度，建立农村最低生活保障制度，完善农村救济体系，为建立农村最低生活保障制度提供财政支持；推行用土地换社保、医保等流转模式，在实践中探索农民土地承包经营权益转化为社保、医保的路径。

（3）加强土地地籍和市场管理，为农村土地流转制度创新提供制度保障。我国土地所有权归集体和国家所有，个人仅拥有使用权。土地使用权的商品化使得土地流转中的纠纷日渐增多。因此，加强土地地籍和市场管理，为农村土地流转制度创新提供制度保障。要建立农村土地登记制度，对农村土地使用权的获得和流转，进行审查、登记和管理；要对农村土地进行分类管理，并制订开发利用规划；要加强土地市场管理，实行土地使用权的流转市场宏观管理，建立农村土地使用权流转市场运行所需要的一套机构和职能。由农民自主决定土地承包经营权是否流转及流转方式，任何组织和个人不得强迫或阻碍农民流转土地承包经营权，最大限度地保护农民利益。

四、提升风险防控水平，加大金融支农力度

我国农村金融体系改革创新取得了阶段性成果，但整体看改革力度所带来的效果并没有达到新型农业发展的资金需求。

（1）进一步加快农村金融体系改革步伐。央行运用货币政策工具和手段要灵活多样，抓紧制定农村金融机构承担支持"三农"义务的政策措施，规定金融机构新增存款应有一定比例用于支持新型农业发展，界定支农再贷款用途，促进农业产业结构调整，同时对各金融机构的支农再贷款进行不定期的现场或非现场监督和指导，防止支农再贷款被占挪用，确保支农再贷款的支农效果，满足新型农业合理资金需求。创新农村金融的服务手段，通过创新来满足农村各类市场主体的金融需求。开发适合农民的差异性、多样化的系列金融产品，通过发行不同期限、利息优惠的农业建设债券，吸收民间资金，特别是农村季节性的闲置资金，支持农村的发展，在乡镇广泛开展财政拨款、税收、各种缴费等的代收代付业务。

（2）提升农村金融机构风险防控水平。央行应引导各金融机构进一步了解当地农村经济发展情况和地方政策导向，准确把握农村经济发展的资金需求状况、投资动态、消费规模，扶持"三农"中的高科技产业项目和农村中小型企业，有效地遏制盲目贷款。并不断完善贷前、贷中、贷后的"三查"管理方式，

最大限度地减少风险各因素。完善农村金融机构内部制度建设，引入高素质的金融专门人才，同时加大对现有员工的培训力度，提高人员素质，提升风险意识、风险防范与控制能力，为繁荣农村金融市场提供制度和人员保障。

（3）充分发挥农业政策性银行的引导作用。国家开发银行要调整农业发展银行的职能，要扩大它的业务范围，以市场为导向，重点支持农业产业化龙头企业，充分发挥其在农村金融资源配置中的政策调控和市场引导作用，使其在对农村基础设施和公共服务设施中发挥融资主渠道的作用。

（4）大力发展农业保险业。要根据各地经济发展的具体状况，加强政银之间的合作，建立起符合各地区实际的，层次不同、标准有别的农村社会保障体系。政府应在政策上倾斜，大力发展政策性保险业务，保障农村经济的发展。

五、培育农业服务组织，规范组织服务行为

实践证明，在新型农业发展过程中农民专业合作组织、农业龙头企业等社会市场组织发挥了重要的作用。

（1）规范农业合作社市场行为，提高管理组织能力。积极引导农民专业合作社规范发展。指导农民专业合作社完善运行机制，帮助合作社制定章程，提高组织管理水平。同时，加强对农民专业合作社的服务，深入宣传农民专业合作社法律政策，普及农民专业合作社知识，扩大社会影响，营造加快发展农民合作社的良好氛围。

（2）完善企业与农民的利益联结机制，进一步加强龙头企业在新型农业服务中的重要作用。农资代购和农产品市场服务需要龙头企业参与，农产品深加工需要龙头企业投资建设，龙头企业承担一部分新型农业公共服务。随着新型农业发展，龙头企业在新型农业公共服务中发挥的作用越来越大。政府明确龙头企业扶持方向，落实相关政策；农村金融机构按照国家政策要求向龙头企业给予信贷规模和利率等方面相应的支持，推动龙头企业建设并完善农民利益机制，建立企业、农户和新型农业发展的共同体。

（3）促进农产品交易市场发育。加强农产品批发市场自身建设，构建有效的农产品流通体系，优化农产品批发市场布局，改造升级农产品批发市场；完善农业产业链，推动纵向一体化，增加社会化服务内容；为农产品批发市场建设创造宽松的政策环境，帮助批发市场装备现代信息系统，建立质量检验室和开展拍卖、连锁经营等；加强农产品批发市场建设，强化民间服务主体在新型农业公共服务中的补充力量；引导农村经纪人建立联合体和行业协会，加强对农村经纪人的培训，降低服务风险，提高农村经纪人的服务能力。

六、推进农业标准生产，加强质量监督服务

农产品质量逐渐成为居民关注的热点，因此也成为影响农户收入的关键因素。农产品质量服务建设要两手抓，一手抓源头，推进农产品标准化生产；一手抓监管，推进农产品质量监督服务体系建设。政府要进一步加大支持力度，创造服务下乡的良好环境。在专业合作组织中广泛实现农产品产地证明，继续选择有龙头企业或农民专业合作社带动的、终端市场较稳定的"三品"生产基地作为农产品质量追溯试点，在试点基地建立农户编码系统和投入品记录卡制度，逐步做到生产记录可存储、产品流向可追踪、储运信息可查询。高度重视品牌效应，继续深入开展无公害农产品、绿色食品、有机食品、地理标志农产品和名牌农产品品牌认证、登记和评选工作。制定颁布相关农产品质量管理条例，细化国家法律的内容，保证农产品质量的行政监管有法可依。

七、完善农资监测制度，强化农资行业信用

随着农业市场发育，农资市场繁荣景象让农户眼花缭乱，同时也让农户担忧。与其他相比，农资质量和安全更让人忧虑。

（1）建立健全流通领域农资质量监测制度和农资质量信息公示制度。依法开展农资质量抽样检测，并根据农资质量检查、抽样检测及消费者投诉举报情况，进行整合、分析、归纳，在第一时间向社会公布市场农资质量状况有关信息，及时向经营者、消费者进行市场预警或消费警示。

（2）强化不合格农资商品退市机制。对检查、抽样检测中发现的不合格农资商品，采取责令停止销售、调查处理等措施，坚决清除出市场；对不能提供合法生产销售资格和质量证明标识不符合规定等违法性质较轻，且不涉及人身健康、财产安全的农资商品，依法责令停止销售，要求其限期改正。要把销售者发现不合格农资商品主动退市和执法机关强制退市结合起来，要注意退市与再次入市的衔接，建立退市商品报告制度和重新上市通报制度，防止不合格商品改头换面二次进入市场。

（3）社会监督机制建设。要充分发挥新闻媒体的社会监督作用，曝光假、劣农资大案要案。聘请乡村干部、农技人员，专业合作社社员、种养大户等为农资监督员，利用他们与农资经营使用者和广大农民接触频繁的优势，传递农资监管相关信息，宣传相关政策和法律法规，鼓励广大群众积极举报农资生产、经营和使用的违法违规行为，在全社会形成有效监管农资的良好氛围。

八、健全生态保护法律，治理农业污染源头

随着人们健康意识的加强，农业生态日益受到人们的重视。农业生态保护必

须上升到国家意识层面上来，以法律为准绳，健全农业生态保护法律体系，开展污染治理和耕地保护。

（1）制定《农业生态环境保护法》。目前农业面临的资源短缺、生态恶化、耕地锐减、污染加剧等严峻形势仍未得到好转，必须出台《农业生态环境保护法》，将农业生态环境的建设、保护、监督与管理等以法律的形式固定下来，才能引起各级政府的农业生态保护意识，提高各级政府农业生态环境保护投入，依法保护和改善农业生态环境。

（2）追根溯源，从源头治理农业生态污染。保障农产品的质量安全，必须从农业环境抓起。各级政府要加大对工业"三废"的治理，严格工业废水、城镇生活废水的整治，严禁向农田和灌溉渠道、渔业水域等农用水体倾倒垃圾、废渣等固体废弃物及排放有毒液体，以减少江河、湖泊及地下水资源的污染程度；加大对工业废气、废渣治理力度；严禁秸秆露天焚烧，坚决堵住农业污染源；对不能达到国家规定的"三废"排放标准的企业，采取关、停、并、转措施，还大自然以"碧水、蓝天、绿色"。

（3）强化农业耕地污染重视程度。坚持用地和养地相结合，切实改变土地单一施用化学肥料的局面，提倡重施有机肥，推广农作物秸秆还田，限量施用化肥，改进施肥方法，提高肥料利用率，增强土地资源的持续生产能力。积极开发和推广应用无公害生物农药，大力发展生态农业、绿色农业、有机农业。

（4）搞好水土保护。地方各级人民政府要鼓励农业生产经营组织和农业生产者依法合理开发利用农业资源，任何单位和个人不得擅自在农用地上从事采矿、挖沙、取土等活动；改造中低产田，扩大植树种草、定期疏浚河道，减少江河泥沙，减轻和控制水旱灾害；开展小流域治理，预防和治理水土流失、土壤沙化、盐渍化和贫瘠化；大力推广机修梯田、雨水截流、地埂经济、径流水保林、植物篱种植、水坠筑坎、引水拉沙造田等水土保持高效实用技术。

第八章　研究结论和研究展望

第一节　研究结论

本书初步考察了广西新型农业公共服务体系建设现状，在新型农业公共服务体系框架范围内，评价了新型农业公共服务体系的建设绩效，测度了新型农业公共服务体系建设影响因素的影响程度，排列了新型农业公共服务体系建设影响因素的优先序，构建了新型农业公共服务体系的建设框架。本书研究的主要结论有：

一是通过梳理新型农业公共服务体系研究文献辨析了公共服务与公共产品、农村公共服务与农业公共服务、农业社会化服务和农业公共服务三概念的区别和联系，由此界定了新型农业公共服务体系概念，概括了新型农业公共服务体系的特征及其在国民经济中的地位和作用。

二是导入耗散结构理论和协同学理论及思想，以界定新型农业公共服务体系的建设主体和研究假设为前提，采用非完全信息博弈模型对新型农业公共服务体系建设主体之间的合作方式进行了分析，得出了新型农业公共服务体系建设的政府主导、社会市场参与型，政府引导、社会主体建设型，政府引导、社会市场建设型和政府、社会市场主体共建型四大路径。

三是以新型农业公共服务体系框架为基础，对广西 13 个县市、42 个乡镇、126 个行政村的农户和官员进行了问卷调查和面对面访谈，考察了新型农业公共服务体系的建设现状，认为当前广西新型农业公共服务体系建设表现出生产基础设施服务供需失衡、农业科技资源使用效率低下、农产品市场服务失灵滞后、农村义务教育阶段负担沉重、农村社会保障体系局部缺失等问题。

四是构建了一个新型农业公共服务体系建设绩效评价框架，引入 HB 人工神经网络分析法评价了广西新型农业公共服务体系建设绩效，评价结果 S＝0.35；与学界绩效评价标准值0.5比较（通常认为高于0.5为优），认为广西新型农业公共服务体系建设绩效水平低下。

五是以农户农业收入占比为因变量，以人力资本、家庭年龄结构、健康指数等八大指标为第一层预测变量，以农产品商品化率、农产品认证指数等八大指标为第二层预测变量，采用双层线性模型测度了广西新型农业公共服务体系建设的重要影响因素的影响程度，测度结果为：第一层预测变量解释比重较大是机械化指数、人力资本指数、自然灾害损失、农地零碎化指数和农业技术培训指数，其次是健康指数，相对较小是农业投资比和家庭年龄结构。按照方差比例计算原理，农业投资比和家庭年龄结构对因变量解释比重较大的是第二层预测变量；即农产品认证指数和农业信贷比。此外，根据上述影响程度测度结果，结合优先序原理，对影响因素综合影响进行了排序，排序结果为：第一维度中，农业信贷比、信息化普及率的正向影响程度较大；其次是农资安全系数、农产品认证指数和农产品商品化率；再次是农产品基地面积和农业技术推广网点；生态环境指数排最后。第二维度中，自然灾害损失和机械化指数第一；农业技术培训指数、人力资本指数第二；农地零碎化指数第三；家庭年龄结构和健康指数第四；农业投资比第五。

六是根据本书中的绩效评价、影响因素测度和优先序的结果，构建了包括五大目的、七大建设原则、五大建设思路和六大建设内容的新型农业公共服务体系建设框架。

第二节　研究展望

一、本书研究存在的不足

（一）地域差异以致影响因素的"特殊性"

新型农业与地理位置有显著性关联，服务于新型农业的公共服务体系当然也就存在这种显著性关联。除了新型农业公共服务体系的建设成本之间的差别外，劳动力素质、市场经济意识、农产品生产等都存在或多或少的区别。本书采用广西13个县市、42个乡镇、126个行政村的农户和官员的调研资金，导入双层线性模型测度了新型农业公共服务体系的影响因素和影响程度，忽视了地域之间的差别。尽管研究结果显著，但该结果导致政府针对平原、丘陵和山区出台"一刀切"的政策，拉大了地区之间新型农业的差距。

（二）截面数据以致影响因素测度静态分析

本书的定量分析采用的是调研的截面数据，针对该截面数据采用静态分析，原因：一是各县市统计资料年度长短"参差不齐"，在分析过程中无法获得长短相同年度的数据；二是调研工作量太大，如果对所选县市按照面板数据分析的要求进行调查，除了经费有限外，而且时间比较紧促。

二、下一步尚需完成的工作

（一）从地域差别研究新型农业公共服务体系建设内容

平原、丘陵和山区依赖的外生经济环境和内生影响因素的影响程度各异，必然会影响新型农业发展进程和速度，这就必然会对新型农业公共服务体系的建设内容有不同的要求。分别研究地域差别下的新型农业公共服务体系的建设内容，最终的研究结果是不同区域建设新型农业公共服务体系规律、方式与路径。该研究结论将会影响政府的新型农业公共服务体系建设内容的相关政策，避免了"一刀切"，即因地制宜地推动新型农业公共服务体系建设。

（二）从动态角度研究新型农业公共服务体系建设路径

新型农业是农业现代化发展史的一个历史性阶段，而且从新型农业地域分布和结构看，也是处于动态变化的。新型农业的动态特征要求农业公共服务体系建设内容瞄准动态性特征。尽管新型农业公共服务体系由七大体系构成，且形成了相互依赖，相互作用的网络体系；但根据新型农业发展特征看，新型农业公共服务体系的七大体系在不同时期所扮演的角色和重要程度存在显著性差异。从动态角度研究新型农业公共服务体系建设路径，瞄准不同阶段建设重点和建设内容，提升新型农业公共服务体系的整体服务效率。

（三）从制度层面研究新型农业公共服务体系运作效率

制度是经济运行约束，来自于实践的理论性总结总是把制度作为外生条件来研究经济运行的规律。新型农业公共服务体系具有公共属性，理论上供给主体是政府。但由于政府财力等资源有限，利用制度来诱导社会市场主体参与，供给和建设新型农业公共服务体系。而制度又决定了社会市场主体参与积极性和参与程度。放开定量分析研究假设，将制度因素设为虚拟变量纳入定量分析模型之中，研究制度因素对新型农业公共服务运作效率的影响，构建制度优化机制，推动制度优化常态化。

附录一　农户调查问卷

编号_____

新型农业公共服务体系建设农户调查问卷

您好！

为了更好地了解精准扶贫战略新时期贫困地区新型农业公共服务建设现状，促进农业生产，改善和提高农民的生活状况，为政府制定新型农业公共服务建设决策提供参考，我们特进行本次专题调研活动。我们从每个县随机抽取一部分农户作为代表，您是其中的一位。请您根据实际情况填写，凡涉及个人隐私的资料，我们将一定保密。

感谢您对本次调查的支持！

一、调查时间_____年_____月_____日

二、被调查农户所在地

_____县_____乡（镇）_____村委会_____所属地区_____

三、家庭基本情况

家庭成员姓名	性别	与户主关系	年龄	文化程度	家庭	健康状况	从事职业	现在何处

备注：①文化程度：指文盲或半文盲、小学、初中、高中、中专、大专及以上；②健康状况：指健康、有重大疾病、残疾；③从事职业：只针对16周岁以上家庭成员，指农业、非农产业、无职业；④现在何处：指县内或县外。

四、家庭财产情况（可选多项）

1. 农机　2. 彩色电视机　3. 电话　4. 手机　5. 洗衣机　6. 摩托车
7. 其他（请注明）＿＿＿＿＿＿＿

五、家庭经济状况

1. 五保户（指由民政部门审核并发证认定的农户，即：无法定扶养义务人，或者虽有法定扶养义务人，但是扶养义务人无扶养能力的；无劳动能力的；无生活来源的农户）

①是　　②否

2. 低保户（指由民政部门认定并已列入当地最低生活保障范围的农户）

①是　　②否

3. 绝对贫困户（指到2007年底家庭年人均纯收入低于1500元的农户）是否已经列入当地最低生活保障

①是　　②否

4. 低收入户（指到2007年底家庭年人均纯收入在1500～2500元之间的农户）是否已经列入当地最低生活保障

①是　　②否

备注：农村居民人均纯收入包括：①工资性收入（指农村住户成员受雇于单位或个人，靠劳动而获得的收入）；②家庭经营纯收入（由农、林、牧、渔业纯收入和家庭二三产业纯收入组成）；③财产性、转移性纯收入（由利息、股息、

租金、土地征用补偿、家庭非常住人口寄回、农村外部亲友赠送、退休金组成）

六、家庭收入渠道

1. 家庭主要收入渠道有
①务农　②务工　③来料加工　④农家乐　⑤其他（请注明）_____
其中：务农收入占总收入比重_____%
外出务工收入占家庭总收入比重_____%
2. 农业收入主要来自于哪一产业
①棉花　②油菜　③蔬菜　④树木　⑤茶叶　⑥药材　⑦水产
⑧畜牧养殖　⑨其他（请注明）_____

七、农地流转

1. 农户家庭联产承包责任制下相关土地面积
耕地面积_____亩，林地面积_____亩，山地面积_____亩
2. 农户承包耕地面积_____亩，承包形式_____，租赁期限_____年
3. 农户是否租入土地_____（填是或否）；如果是，农户租入土地原因：
①扩大生产规模　②劳动力过剩　③亲朋好友委托　④其他
4. 农户租入土地的面积比重_____%

八、家庭主要开销

1. 孩子教育　2. 农业投资　3. 农户医疗　4. 日常生活支出
其中：孩子教育占家庭开销比重_____%；农业投资占家庭开销比重_____%；医疗费用占家庭开销比重_____%

九、农业发展服务建设

1. 是否受到过政府技术培训
①是（次数_____）　　②否（如_____）
2. 接受政府哪种技术培训
①实用农业技术　②职业技能　③农产品营销知识　④计算机应用知识
⑤法律知识　⑥其他（请注明）_____
3. 技术培训是否需要花费资金
①是（填资金总数_____）　　②否（如_____）
4. 是否接受过政府资助的教育

①继续教育　②职业教育　③农民大学生培训计划　④农业技校　⑤其他（请注明）＿＿＿＿＿＿

十、农村金融

1. 村镇有哪些金融机构
①农村信用社　②农村商业银行　③农村合作银行　④农村小额存款公司
⑤其他（请注明）＿＿＿＿＿＿＿＿＿

2. 家里（是或者否）获取了贷款，如果有是哪个金融机构
①是　　②否；
①农村信用社　②农村商业银行　③农村合作银行　④农村小额存款公司
⑤其他（请注明）＿＿＿＿＿＿＿＿＿

3. 贷款目的是
①做房子　②婚丧事　③孩子教育　④农资　⑤购买农业机械
⑥其他（请注明）＿＿＿＿＿＿＿＿＿

4. 需要最大的贷款额度＿＿＿＿＿元，资金缺口＿＿＿＿＿元

5. 获取贷款是否容易，金融机构服务是否满意
①是　　　②否　　　　　；①是　　　②否

6. 贷款利息是否过高
①是　　　②否

7. 是否向周围亲戚朋友借过资金
①是　　　②否　　金额＿＿＿＿＿元

十一、农业信息化建设

1. 农户是否有获取农业方面信息途径以及获取信息的方式
①是　②否；获取信息的方式＿＿＿＿＿

2. 信息化建设投资
①100元以下　②100～500元　③500～1000元　④1000元以上

3. 村里是否有农业技术员以及咨询次数
①是　②否；咨询次数＿＿＿＿＿

十二、农户保障

1. 家庭成员是否有相关保障
①是（人数＿＿＿＿）　　②否（如＿＿＿＿）
如果是请填＿＿＿＿元

2. 家庭成员是否参加农村合作医疗

①是（人数_____）　　　　②否

如果是请填_____元

3. 家庭成员是否参加被征地农民养老保险

①是（人数_____）　　　　②否

如果是请填_____元

4. 家庭贫困的主要原因（限选一项）

①缺少生产资金　②自然灾害　③子女上学　④大病或慢性病

⑤缺少劳动力　⑥缺少耕地、林地　⑦其他（请注明）_____

5. 是否需要帮扶

①解决生产资金　②解决农产品销路　③进行农业技术培训　④进行职业技能培训　⑤介绍外出务工　⑥解决遇灾救助　⑦解决子女上学费用　⑧解决医疗费用　⑨下山脱贫　⑩其他（请注明）_____

6. 上述帮扶中，您最需要的帮扶是_____项，请按需要程度排序_____。

7. 主要帮扶举措_____

8. 帮扶责任主体（限选一项）

①村内帮扶　②乡镇帮扶　③县（市、区）及有关部门帮扶

④市及有关部门帮扶　　⑤其他（请注明）_____

十三、农业自然灾害

1. 五年内是否发生过自然灾害

①是　　　　　②否

2. 自然灾害类型

①风暴　②涝灾　③旱灾　④病虫害　⑤其他（请注明）_____

3. 自然灾害带来的损失

①10000 元以下　②10000 ~ 50000 元　③50000 ~ 100000 元　④100000 元以上

4. 自然灾害恢复年限

①1 年　②2 年　③3 年　④4 年　⑤5 年及以上

5. 是否有灾害性救助

①是　　　　　②否

如果是，请填写金额_____元

十四、农业生态

1. 耕地是否属于基地建设范围？建设面积多大

①是　　　　②否；建设面积_____亩

2. 是否了解农产品质量认证和农产品原产地追溯制

①是　　　　②否；①是　　　　②否

3. 生产区域是否属于农产品认证区域？具体属于哪种认证

①是　　　　②否；①绿色农产品认证　　　　②有机农产品认证

4. 是否了解农业生态对农产品质量和价格影响

①是　　　　②否；①是　　　　②否

5. 农业生产是否采取了保护措施，具体有哪些保护措施

①是　　　　②否；具体措施_____

附录二 农户访谈提纲

编号_____

新型农业公共服务体系建设农户访谈提纲

1. 您家庭收入现状如何？

2. 对新型农业是否了解？

3. 对农业公共服务是否了解？了解的有哪些内容？

4. 对村里面农业公共服务建设是否满意？

5. 对农业生产中的农资安全是否了解？是否发生过农资安全纠纷？

6. 您是否接受过农业技术方面的培训，是否参加过继续教育？您觉得效果如何，有助于增收吗？

7. 是否经历过农业自然灾害，自然损失如何？是否获取了政府保障？

8. 您如何获取农业方面信息，信息渠道有哪些？对农业生产是否有帮助？

9. 您对绿色农业和有机农业是否了解，农田是否属于建设区域？如果了解，是否有助于家庭提高收入？

10. 您是否了解农业生态保护？如果了解，您觉得农业生态有什么好处，有助于您家庭增收吗？

11. 您家里获取过贷款吗？您的贷款来源于哪个金融机构？机构的服务态度如何？您觉得当前金融机构贷款与亲戚朋友借款，哪个更方便，哪个利息更低？

附录三　政府部门访谈提纲

编号＿＿＿＿＿＿＿＿

新型农业公共服务体系建设政府部门访谈提纲

1. 当地农业经济发展如何？

2. 当地新型农业发展如何？农业机械化普及率多高？

3. 您认为新型农业公共服务应该包括哪些内容？当前哪些内容是重点建设内容？

4. 当地水利建设、农业信息化建设等基础设施建设如何，政府投资力度多大？资金缺口多大？

5. 是否采取措施提高农户文化程度，如农民大学生技术、成人教育、农业技术培训？

6. 当地农资安全检查制度建设如何？

7. 农业技术推广制度建设如何，是否建立了完善的农业技术推广网络？乡镇是否有农业技术推广员？

8. 农业机械化推广如何？采取合作措施推广如何？农业补贴是否到位？

9. 农业信息化建设如何？政府通过哪些专门渠道发布农业相关信息？

10. 政府采取哪些措施引导金融贷款向农业倾斜？

11. 当地农产品基地建设如何？农产品获取了哪些认证？农产品品牌建设如何，有哪些农业龙头企业？

12. 当地农业生产保护如何？政府采取了哪些措施？

参考文献

［1］陈池波等．农业产业化水平与农村金融供给的关系研究——以河南省为例［J］．东北师大学报（哲学社会科学版），2011（2）．

［2］陈池波等．扶贫开发：从行政单元向地理区域协调推进［J］．经济管理，2009（6）．

［3］陈池波等．湖北现代农业投资的优先序与政策调整——基于农户意愿的视角［J］．中南财经政法大学学报，2009（6）．

［4］陈池波等．公共政策视野下的"一号文件"历史评析与现实思考［J］．云南师范大学学报（哲学社会科学版），2009（3）．

［5］陈池波等．重构武汉城市圈农产品流通体系［J］．学习月刊，2009（7）．

［6］陈池波等．农村合作金融存量改革与增量发展［J］．哈尔滨金融高等专科学校学报，2008（1）．

［7］陈池波．整合财政支农资金的思路［J］．经济研究参考，2008（12）．

［8］程文浩，卢大鹏．中国财政供养的规模及影响变量——基于十年机构改革的经验（英文）［J］．Social Sciences in China，2011（2）．

［9］陈静，秦向阳，肖碧林．基于典型案例的我国农业产业链构建模式研究［J］．农村经济，2011（8）．

［10］陈宗胜，黎德福．内生农业技术进步的二元经济增长模型——对"东亚奇迹"和中国经济的再解释［J］．经济研究，2004（11）．

［11］"城镇化进程中农村劳动力转移问题研究"课题组，张红宇．城镇化进程中农村劳动力转移：战略抉择和政策思路［J］．中国农村经济，2011（6）．

［12］曹海林．农业灾害管理中的政府责任及其战略安排［J］．中国行政管理，2010（11）．

［13］曹光乔，周力，易中懿，张宗毅，韩喜秋．农业机械购置补贴对农户

购机行为的影响——基于江苏省水稻种植业的实证分析［J］. 中国农村经济, 2010（6）.

［14］崔俊敏. 农业科技推广市场化的体制性障碍及破解［J］. 中州学刊, 2010（3）.

［15］陈宪. 服务革命、服务化和现代产业发展［J］. 探索与争鸣, 2010（4）.

［16］崔元锋, 严立冬, 基于 DEA 的财政农业支出资金绩效评价［J］. 农业经济问题, 2006（6）.

［17］蔡昉, 王德文, 都阳, 劳动力市场扭曲对区域差距的影响［J］. 中国社会科学, 2001（2）.

［18］蔡昉, 农村剩余劳动力流动的制度性障碍分析——解释流动与差距同时扩大的悖论［J］, 经济学动态, 2005（1）.

［19］杜旻, 刘长全. 全球化进程中的印度农业、农村改革与农民保护［J］. 经济研究参考, 2011（51）.

［20］邓瑶. 农业公共服务的三螺旋模型——政府、产业与农民合作社互动关系分析［J］. 农村经济, 2010（4）.

［21］樊增强, 张迎涛. 农村土地流转制度下农业保险发展路径的现实选择［J］. 当代经济研究, 2012（2）.

［22］范德成, 王韶华. 农村劳动力转移视角下的农业规模化经营促进城镇化的作用研究［J］. 经济体制改革, 2011（6）.

［23］潘鸿, 王岩. 农业科技进步系统的构建及运行过程解析［J］. 农业经济, 2011（11）.

［24］傅新红, 李君, 许蕾. 农业科技特派员继续从事特派员工作意愿的影响因素分析——基于四川省 254 名农业科技特派员的调查［J］. 中国农村经济, 2010（6）.

［25］辜胜阻, 潘啸松, 杨威. 在应对"用工荒"中推动企业转型升级［J］. 人口研究, 2011（6）.

［26］辜胜阻, 李华, 易善策. 推动县域经济发展的几点新思路［J］. 经济纵横, 2010（2）.

［27］耿玉春, 房淑贤. 新形势下农产品"卖难"问题的深层思考［J］. 经济纵横, 2011（7）.

［28］郭辉, 张术环. 政府在低碳农业技术创新中的角色探析［J］. 前沿, 2011（9）.

［29］龚继红, 钟涨宝. 农户背景特征对农业服务购买意愿影响研究［J］.

求索，2011（1）.

[30] 龚晓菊. 经济复苏背景下拓展我国农村消费市场的金融思考 [J]. 中国流通经济，2010（7）.

[31] 郭剑雄，李志俊. 劳动力选择性转移条件下的农业发展机制 [J]. 经济研究，2009（5）.

[32] 胡鞍钢，马伟. 现代中国经济社会转型：从二元结构到四元结构（1949～2009）[J]. 清华大学学报（哲学社会科学版），2012（1）.

[33] 胡晓农，袁德华，古冬秤. 对农村金融服务全覆盖可持续发展的调查与思考：江西遂川个案 [J]. 金融与经济，2011（10）.

[34] 侯立宏. 美国北卡罗来纳州合作推广服务的特色与启示 [J]. 中国软科学，2012（1）.

[35] 郝爱民. 农业生产性服务业对农业的影响——基于省级面板数据的研究 [J]. 财贸经济，2011（7）.

[36] 韩秀记. 农村社会发展：基于市场转型的经济社会学分析 [J]. 山东社会科学，2011（5）.

[37] 黄祖辉，俞宁. 新型农业经营主体：现状、约束与发展思路——以浙江省为例的分析 [J]. 中国农村经济，2010（10）.

[38] 洪银兴. 工业和城市反哺农业、农村的路径研究——长三角地区实践的理论思考 [J]. 经济研究，2007（8）.

[39] 贾根良. 美国学派：推进美国经济崛起的国民经济学说 [J]. 中国社会科学，2011（4）.

[40] 贾俊雪，郭庆旺，宁静. 财政分权、政府治理结构与县级财政解困 [J]. 管理世界，2011（1）.

[41] 姜长云. 农业生产性服务业发展的模式、机制与政策研究 [J]. 经济研究参考，2011（51）.

[42] 姜长云. 发展农业生产性服务业的模式、启示与政策建议——对山东省平度市发展高端特色品牌农业的调查与思考 [J]. 宏观经济研究，2011（3）.

[43] 姜长云. 农业生产性服务业发展模式举证：自安徽观察 [J]. 改革，2011（1）.

[44] 蒋承，刘天然. 公共财政、农村股份合作与城乡一体化——以中山市农村公共福利提供为例 [J]. 中央财经大学学报，2011（3）.

[45] 居占杰. 我国城乡关系阶段性特征及统筹城乡发展路径选择 [J]. 江西财经大学学报，2011（1）.

［46］冀县卿，钱忠好．中国农业增长的源泉：基于农地产权结构视角的分析［J］．管理世界，2010（11）．

［47］孔祥智，楼栋，何安华．建立新型农业社会化服务体系：必要性、模式选择和对策建议［J］．教学与研究，2012（1）．

［48］旷宗仁，梁植睿，左停．我国农业科技推广服务过程与机制分析[J]．科技进步与对策，2011（21）．

［49］李实，赵人伟．市场化改革与收入差距扩大（英文）［J］．中国社会科学，2011（2）．

［50］李春海，沈丽萍．农业社会化服务体系的主要模式、特点和启示[J]．改革与战略，2011（12）．

［51］李春海．新型农业社会化服务体系框架及其运行机理［J］．改革，2011（10）．

［52］李春海．新型农业社会化服务体系：运行机理、现实约束与建设路径［J］．经济问题探索，2011（12）．

［53］李燕凌，欧阳万福．县乡政府财政支农支出效率的实证分析［J］．经济研究，2011（10）．

［54］李容．我国公共农业科研机构科研激励制度调查分析——以1338名农业科学家为例［J］．科学学研究，2012（1）．

［55］李静，赵海．农村劳动力非农就业决策——基于农户家庭调查的实证分析［J］．理论月刊，2011（9）．

［56］李东，卢小磊，张万福，赵翠媛，陶佩君．农业产业化龙头企业农技服务活动的农户满意度测评［J］．农业技术经济，2011（8）．

［57］李情民．我国农业保险发展的现状及对策探讨［J］．改革与战略，2011（6）．

［58］李俏，张波．农业社会化服务需求的影响因素分析——基于陕西省74个村214户农户的抽样调查［J］．农村经济，2011（6）．

［59］李云飞，闫雯．与新农村建设需求相适应的农林院校人才培养探究［J］．农业经济，2011（1）．

［60］李家祥．农村土地流转市场化建设国内外经验比较研究［J］．改革与战略，2010（9）．

［61］李羚，于莫．民族地区政府扶贫中的农村市场建设思考——以四川省凉山州为例［J］．经济体制改革，2010（4）．

［62］李秀彬，郝海广，冉圣宏，朱会义，田玉军．中国生态保护和建设的机制转型及科技需求［J］．生态学报，2010（12）．

［63］李伟毅，赵佳，胡士华．小农条件下农业现代化的实现路径——农机跨区作业的实践与启示［J］．中国农机化，2010（2）．

［64］李爽．农村集体土地资产管理"会计化"研究［J］．管理世界，2010（9）．

［65］李文钊，毛寿龙．中国政府改革：基本逻辑与发展趋势［J］．管理世界，2010（8）．

［66］吕韬，陈俊红．发达国家现代农业服务体系建设对我国的启示［J］．广东农业科学，2011（20）．

［67］骆永民，樊丽明．城乡基本公共服务均等化标准的选择问题研究——基于政策敏感度和福利效果的比较分析［J］．中国工业经济，2011（5）．

［68］刘军强．资源、激励与部门利益：中国社会保险征缴体制的纵贯研究（1999～2008）［J］．中国社会科学，2011（3）．

［69］刘彦随，龙花楼．中国农业地理与乡村发展研究进展及展望——建所70周年农业与乡村地理研究回顾与前瞻［J］．地理科学进展，2011（4）．

［70］刘瑞涵，张怀波．俄罗斯农业支持及改革政策分析［J］．农业经济问题，2010（12）．

［71］慕丹，周敏．马克思产业优先增长思想：理论解析与现实思考［J］．理论探索，2010（3）．

［72］彭希哲，胡湛．公共政策视角下的中国人口老龄化［J］．中国社会科学，2011（3）．

［73］钱崔红．国内小额信贷发展研究综述［J］．财政监督，2010（18）．

［74］乔榛，焦方义，李楠．中国农村经济制度变迁与农业增长——对1978～2004年中国农业增长的实证分析［J］．经济研究，2006（7）．

［75］饶静，纪晓婷．微观视角下的我国农业面源污染治理困境分析［J］．农业技术经济，2011（12）．

［76］阮红霞．惠农型农村金融服务机制构建研究［J］．农业经济，2011（9）．

［77］阮荣平，刘力．中国农村非正式社会保障供给研究——基于宗教社会保障功能的分析［J］．管理世界，2011（4）．

［78］冉光和，吴昊，于丹．中国金融成长与出口结构优化关系及变化趋势研究［J］．管理世界，2011（4）．

［79］申秀清，修长柏．发达国家农业现代化资金来源多元化对我国的启示［J］．农业现代化研究，2012（1）．

［80］孙能利，巩前文，张俊飚．山东省农业生态价值测算及其贡献［J］．

中国人口·资源与环境，2011（7）．

[81] 孙静．中国社会变迁中的个体安全分析 [J]．中国人民公安大学学报（社会科学版），2011（1）．

[82] 孙圣民．工农业关系与经济发展：计划经济时代的历史计量学再考察——兼与姚洋、郑东雅商榷 [J]．经济研究，2009（8）．

[83] 单永贵．新时期农村服务业发展探析 [J]．宏观经济管理，2011（8）．

[84] 沙治慧，罗静．农村公共服务建设中公共投资空间布局优化研究——以四川省为例 [J]．经济体制改革，2011（3）．

[85] 舒坤良，杨印生，郭鸿鹏．农机服务组织形成的动因与机理分析[J]．中国农机化，2011（1）．

[86] 石林雄．农业机械质量调查评价指标体系 [J]．农机化研究，2010（2）．

[87] 沈坤荣，余吉祥．农村劳动力流动对中国城镇居民收入的影响——基于市场化进程中城乡劳动力分工视角的研究 [J]．管理世界，2011（3）．

[88] 史清华，晋洪涛，卓建伟．征地一定降低农民收入吗？上海7村调查——兼论现行征地制度的缺陷与改革 [J]．管理世界，2011（3）．

[89] 谭深．中国农村留守儿童研究述评 [J]．中国社会科学，2011（1）．

[90] 田翠杰．建设现代农业公共服务体系的思考 [J]．农业经济，2010（11）．

[91] 田秀娟，吴滋兴，王玮．农村社区互助合作担保机构运行机制探析——以福建省霞浦县石湖农业发展担保公司为案例 [J]．农业经济问题，2010（6）．

[92] 汪进，钟笑寒．中国的刘易斯转折点是否到来——理论辨析与国际经验 [J]．中国社会科学，2011（5）．

[93] 吴愈晓．劳动力市场分割、职业流动与城市劳动者经济地位获得的二元路径模式 [J]．中国社会科学，2011（1）．

[94] 王伟光．深入研究中国发展道路和发展经验——丰富和发展马克思主义社会形态理论 [J]．中国社会科学，2011（1）．

[95] 王志刚，申红芳，廖西元．农业规模经营：从生产环节外包开始——以水稻为例 [J]．中国农村经济，2011（9）．

[96] 王丞，安森东，颜廷武．农业信息资源可持续开发利用的国际比较及启示[J]．中国人口·资源与环境，2011（8）．

[97] 王子先．全球化下中国服务业跨越式升级的路径及开放战略 [J]．宏

观经济研究，2011（7）.

[98] 王志刚，汪超，许晓源. 农户认知和采纳创意农业的机制：基于北京城郊四区果树产业的问卷调查 [J]. 中国农村观察，2010（4）.

[99] 王洋，郭翔宇. 农业社会化服务供给博弈分析 [J]. 中国农学通报，2010（14）.

[100] 王永丽，李菁. 金融危机下的和谐劳动关系研究——基于广州市百家企业的调查 [J]. 管理世界，2011（4）.

[101] 王建明，王俊豪. 公众低碳消费模式的影响因素模型与政府管制政策——基于扎根理论的一个探索性研究 [J]. 管理世界，2011（4）.

[102] 吴宏伟，侯为波，卓翔芝. 传统农业区农业生产性服务业现状、问题和发展思路——以安徽省为例的实证分析 [J]. 农村经济，2011（9）.

[103] 吴一平，刘向华. 发展低碳经济，建设我国现代农业 [J]. 毛泽东邓小平理论研究，2010（2）.

[104] 问泽霞，张晓辛. 中美农业支持水平对比实证分析 [J]. 技术经济与管理研究，2011（1）.

[105] 徐勇. 农民理性的扩张："中国奇迹"的创造主体分析（英文）[J]. Social Sciences in China，2011（1）.

[106] 徐金海，蒋乃华，秦伟伟. 农民农业科技培训服务需求意愿及绩效的实证研究：以江苏省为例 [J]. 农业经济问题，2011（12）.

[107] 徐薇. 现代农业跨越发展的支撑体系与政策选择——基于四川省的实证分析 [J]. 开发研究，2010（2）.

[108] 徐芳，钟秋波. 中低产田改造是实现我国粮食安全的有效途径[J]. 管理世界，2010（12）.

[109] 邢桂君，王虹. 建立本土化农业产业链金融模式 [J]. 中国金融，2011（17）.

[110] 邢道均，叶依广. 农村小额贷款公司缓解农村中小企业正规信贷约束了吗？——基于苏北五市的调查研究 [J]. 农业经济问题，2011（8）.

[111] 向仕容，罗华伟. 博弈论方法在农业科技推广模式中的运用 [J]. 安徽农业科学，2010（16）.

[112] 许庆，尹荣梁，章辉. 规模经济、规模报酬与农业适度规模经营——基于我国粮食生产的实证研究 [J]. 经济研究，2011（3）.

[113] 肖唐镖，王欣. 中国农民政治信任的变迁——对五省份 60 个村的跟踪研究（1999～2008）[J]. 管理世界，2010（9）.

[114] 杨松，姜庆丹. 美国农场信贷立法及其对中国的启示 [J]. 暨南学

报（哲学社会科学版），2011（6）．

　　[115] 杨汇泉，朱启臻，梁怡．统一主体与多元主体：农业社会化服务体系组织的权变性建构 [J]．重庆大学学报（社会科学版），2011（2）．

　　[116] 杨丹辉．全球化、服务外包与后起国家产业升级路径的变化：印度的经验及其启示 [J]．经济社会体制比较，2010（4）．

　　[117] 叶晓凌．政府购买保险服务——农村公共风险管理的新思路 [J]．保险研究，2010（7）．

　　[118] 叶晓倩．人才公共服务：政府职能及其政策选择 [J]．管理世界，2010（8）．

　　[119] 尤月．发达国家农业典型发展模式分析及经验借鉴 [J]．特区经济，2010（9）．

　　[120] 周雪光，练宏．政府内部上下级部门间谈判的一个分析模型——以环境政策实施为例 [J]．中国社会科学，2011（5）．

　　[121] 周其仁．通货膨胀与农民的关系悖论 [J]．经济研究参考，2011（18）．

　　[122] 周毓萍，陈中飞．武汉城市圈农村金融服务延伸的研究 [J]．武汉金融，2010（5）．

　　[123] 周启红，谢少安，陈万卷．基于现代农业视角的我国农业服务业研究 [J]．调研世界，2010（2）．

　　[124] 张宇，张晨，蔡万焕．中国经济模式的政治经济学分析 [J]．中国社会科学，2011（3）．

　　[125] 张云．稳步推进农业银行国际化发展 [J]．中国金融，2011（23）．

　　[126] 张晓燕．美日两国农业电子商务发展的经验与启示 [J]．经济纵横，2011（9）．

　　[127] 张建华，吴焱．改善欠发达地区农村支付服务环境 [J]．中国金融，2011（19）．

　　[128] 张振刚，陈志明，林春培．农业生产性服务业模式研究——以广东农业专业镇为例 [J]．农业经济问题，2011（9）．

　　[129] 张益丰，刘东．农村微观组织架构跃迁与准公共产品供给模式创新——基于山东农村综合性合作社发展经验的实证分析 [J]．中国农村观察，2011（4）．

　　[130] 张康之，李传军．公共管理是一种新型的社会治理模式 [J]．行政论坛，2010（3）．

　　[131] 张颖熙，夏杰长．农业社会化服务体系创新的动力机制与路径选择

[J]．宏观经济研究，2010（8）．

[132] 张朝华．发达国家农业科技服务的主要经验及其对中国的借鉴[J]．科技进步与对策，2010（8）．

[133] 张艳花．探寻农村金融服务契合点——两个农村信贷创新模式解析[J]．中国金融，2010（8）．

[134] 张丽华，林善浪，霍佳震．农业产业化经营关键因素分析——以广东温氏公司技术管理与内部价格结算为例［J］．管理世界，2011（3）．

[135] 张文彬，张理芃，张可云．中国环境规制强度省际竞争形态及其演变——基于两区制空间 Durbin 固定效应模型的分析［J］．管理世界，2010（12）．

[136] 郑子青．我国农业信息化建设评估：成就、问题、出路［J］．开发研究，2011（6）．

[137] 朱峰，赵晓飞．构建农产品现代流通服务体系的思考［J］．宏观经济管理，2011（9）．

[138] 朱晶．农业公共投资、竞争力与粮食安全［J］．经济研究，2003（1）．

[139] 赵永亮，张捷．工业与服务业非均衡发展研究——服务业会走向 Baumol 陷阱吗？[J]．财贸经济，2011（6）．

[140] 赵俊臣．推进"十二五"期间农村金融改革［J］．中国财政，2010（16）．

[141] 陈池波．中国农村市场经济发展论［M］．北京：中国财政经济出版社，2003.

[142] 陈池波，郑家喜，崔元锋．农业投资主体的博弈分析［M］．北京：中国财政经济出版社，2007.

[143] 陈锡文，韩俊，赵阳．中国农村公共财政制度：理论·政策·实证研究［M］．北京：中国发展出版社，2005.

[144] 杜润生．杜润生自述：中国农村体制变革重大决策纪实［M］．北京：人民出版社，2007.

[145] E. 肖．经济发展中的金融深化［M］．上海：上海三联书店，1988.

[146] 盖尔·约翰逊．经济发展中的农业、农村、农民问题［M］．北京：商务印书馆，2005.

[147] 国风．中国农村经济制度创新分析［M］．北京：商务印书馆，2003.

[148] 基姆安德森，速水佑次郎．农业保护的政治经济学［M］．天津：天

津人民出版社，1996.

[149] 雷纳，D. 科尔曼. 农业经济学前沿问题 [M]. 北京：中国税务出版社，2000.

[150] 罗必良. 新制度经济学 [M]. 太原：山西经济出版社，2005.

[151] 罗默. 高级宏观经济学（第3版）[M]. 上海：上海财经大学出版社，2009.

[152] 速水佑次郎，神门善久. 农业经济论 [M]. 北京：中国农业出版社，2003.

[153] 汪玉凯. 公共管理与非政府公共组织 [M]. 北京：中共中央党校出版社，2003.

[154] 西奥多·舒尔茨. 改造传统农业 [M]. 北京：商务印书馆，2006.

[155] 易丹辉. 数据分析与 Eviews 应用 [M]. 北京：中国人民大学出版社，2008.

[156] 张军，资本形成、投资效率与中国的经济增长 [M]. 清华大学出版社，2005.

[157] Atkinson, A. Public Economics in Action [M]. Oxford University Press, 1995.

[158] Abler, D. G. and Shortle, J. S. Technology as an Agricultural Pollution Control Policy [J]. American Journal of Agricultural Economics, 1995 (77).

[159] Alston, J., C. Chan – Kang, M. Marra, P. Pardey and T. Wyatt. A Meta – Analysis of Rates of Returnto Agricultural R&D, Expede Herculeml Research Report 113. IFPRI [M]. Washington, DC, USA, 2000.

[160] Bardhan, P. and Dilip Mookherjee. Decentralization and Accountability in Infrastructure Delivery in Developing Countries [J]. The Economic Journal, 2006 (116).

[161] Brueckner, Jan, K. A Test for Allocative Efficiency in the Local Public Sector [J]. Journal of Public Economics, 1982 (19).

[162] Brent Hueth, The Goals of U. S. Agricultural Policy: A Mechanism Design Approach [J]. American Journal of Agricultural Economics, 2000 (2).

[163] Bagella M., Becchetti L., Cicero M. L. Regional Externalities and Direct Effect of Legislation Against Money Laundering: a Test on Excess Money Balance in the Five Andean Countries [J]. Journal of Money Laundering Control, 2004, 7 (4).

[164] Cai, Hongbin and Treisman, D. Does Competition for Capital Discipline Governments? Decentralization, Globalization, and Public Policy [J]. American E-

conomic Review, 2005 (95) .

[165] Christopher Hood. Paradoxes of Public – sector Managerialism, Old Public Management and Public Services [J] . International Public Management Journal, 2000 (3) .

[166] Dennis Epple, Richard E. Romano. Ends Against the Middle: Determining Public Service Provision When There are Private Alternatives [J] . Journal of Public Economics, 1996 (62) .

[167] David Drakakis – smith. Economic Growth and Urbanization in Developing Areas [J] . London and New York, 1997 (12) .

[168] Dennis Tao Yang, Urban – Biased Policies and Rising Income Inequality in China [J] . The American Economic Review, 1999 (189) .

[169] Efland, Anne B. W. US Farm Policy: The First 200 Years [M]. Agricultural Outlook, 2000.

[170] Gregory, R. J. , Social Capital Theory and Administrative Reform: Maintaining Ethical Probity in Public Service [J] . Public Administration Review. 1999 (59) .

[171] Gardner, B. The Economics of Agricultural Policies [M] . Mcgraw Hill, 1990.

[172] Hongyi Li, Heng – fu Zou, Income Inequality is not Harmful for Growth: Theory and Evidence [M] . Review of Development Economics, 1998 (3) .

[173] Hulme, D. , Mosley, p. (Eds) . Finance Against Poverty [M]. Routledge, London, 1996.

[174] Halstead, J. M. Measuring the Nonmarket Value of Massachusetts Agricultural Land: a Case Study [J] . Northeast Journal of Agriculture and Resource Economics, 1984 (14) .

[175] Ian Green, Katherine Baird, Kate Fawkes. Discussion Paper. Canada's Public Service in the 21st Century. Public Policy Forum [C] . 2007.

[176] Julia A. Heath. The Financing and Provisioning of Education and Health Services in Developing Countries: Review Article [J] . Economics of Education Review. 1998 (3) .

[177] Jeanneney, S. G. , P. Hula. How does Real Exchange Rate Influence Income Inequality between Urban and Rural Areas in China? [J] . Journal of Development Economics, 2001 (64) .

[178] Kunimitsu Yoji, Shioda Katuro. . A Cost Benefit Analysis on Agricultural

Public Investment in Thailand: Case of an Improvement of on - farm Facilities Assisted by Japanese Technical Cooperation [J] . Technical Report of the National Institute for Rural Engineering, 2005 (203) .

[179] Knetsch, J. and J. Sinden. Willingness to Pay and Compensation Demanded: Experimental Evidence of an Unexpected Disparity [J] . Quarterly Journal of Economics, 1984 (94) .

[180] Koopmans, T. C. An Analysis of Production as an Efficient Combination of Activities. In: T. C. Koopmans (Ed.), Activity Analysis of Production and Allocation, Cowles Commission for Research in Economics [M] . Monograph No. 13, Wiley, 1951.

[181] Musgrave, R. Theory of Public Finance: a Study In Public Economy [M] . Micgraw, 1959.

[182] Moschini, G. , H. Lapan, and A. Sobolevs. Roundup Ready CR Soybeans and Welfare Effects in the Soybean Complex [M] . Staff Paper No. 324. Ames, Iowa: Department of Economics, Iowa State University, 1999.

[183] Patrick Francois. Public Service Motivation as an Argument for Government Provision [J] . Journal of Public Economics, 2000 (78) .

[184] Qureshi, S. Nabi, I. Faruqee, R. Improving Rural Finance: Strategic Reforms for Agricultural Growth in Pakistan [J] . The World Bank, 1999.

[185] Ralph Heintzman, Brian Marson. People, Service and Trust: Links in a Public Service Value Chain [J] . Canadian Government Executive, 2006 (6) .

[186] R. M. Sundrum, Income Distribution in Less Developed Countries [M]. Routledge, London and New York, 1990.

[187] Ravallion, Chen, What can New Survey Data Tell us about Recent Changes in Distribution and Poverty? [J] . World Bank Economic Review, Vol. ll, No. 2, 1997.

[188] Stephen P. Heyneman. The Growing International Commercial Market for Educational Goods and Services [J] . International Journal of Educational Development, 2001 (21) .

[189] Schultze, T. W. , Institutions and the Rising Economic Value of Man [J]. American Journal of Agricultural Economics, 1968 (12) .

[190] Sylvie Demurger. Infrasture Development and Economics Growth: An Explanation for Regional Disparities in China [J] . Journal of Comparative Economics, 2001 (29) .

[191] Tilman D. , Cassman K. G. , Matson P. A. , et al. Agricultural Sustainability and Intensive Production Practices [J] . Nature, 2002 (11) .

[192] Winkler, R. Valuation of Ecosystem Goods and Services Part 1: An Integrated Dynamic Approach [J] . Ecological Economics, 2005 (11) .

[193] Wu, H. , S. Ding, S. Pandey, Tao. Assessing the Impact of Agricultural Technology Adoption on Farmers' Well – being Using Propensity – score Matching Analysis in Rural China [J], Asian Economic Journal, 2010 (2) .

后　记

本书是在我的博士论文基础上通过大量的修改、补充、拓展、深化而成，承蒙国家社科基金委、广西重大课题研究招投标委员会以及广西沿边沿海经济开放发展协同创新中心的资助。

诚挚地感谢我的导师陈池波教授，从选题、框架设计、实地调研到文献梳理、数据处理直至论文撰写、修改，每一个环节无不凝聚着先生的汗水和心血，凝结着先生的智慧结晶。先生精深的学术造诣、严谨的治学之道、勤奋的治学风格，从容、乐观、豁达、以身立行的做人风格为我树立了一生的学习典范，教诲、鞭策和激励着我在科学和教育的道路上励精图治、开拓创新。在此，谨向先生致以深深的敬意！

感谢中南财经政法大学工商管理学院产业经济学和农业经济学导师组的汪海粟教授、严立冬教授、胡立君教授、丁士军教授、任剑新教授、张开华教授、郑家喜教授等。他们的渊博知识、严谨学风、大家风范，使我领略到智者的睿智、师表的风采，令我受益匪浅、终生难忘。在此，对这些师长们表示衷心的感谢！同时，感谢工商管理学院研究生办公室罗尚秀老师及工商管理学院其他老师提供的帮助！

感谢傅爱民博士、吴振鹏司长、胡振虎博士后、黄江涛处长、廖东声教授、聂勇教授、潘泽江教授、贾澎博士、万敏博士、陈杰博士、程建华副区长、谢建豪博士后、王岩博士、张攀峰博士、江喜林博士、陈涛硕士、吴星硕士、刘洪硕士等，谢谢各位师兄弟在学术上启发我，在生活上帮助我。感谢乐长征、禹跃军、何伟、宋海龙、马期茂、荣灏等博士同学。图书馆中、餐桌前、运动场上、宿舍内，无数个朝夕相处的快乐都将是别后梦里的珍藏，愿我们以感恩的心在未来的日子里共同成长。

感谢广西民族大学商学院对我的关心和支持。感谢广西民族大学商学院谢焕文书记、李华明书记、王新哲教授、廖东声教授、旷乾教授、黄素心教授、胡超教授、陈敏娟博士、韦铧博士、张丞博士等对本书提供帮助。

感谢给予我写作动力的家人和爱人。身体发肤受之父母，是他们给了我生命，为我操碎了心，吃尽了苦，我的昨天和今天无不浸透着双亲的泪水和汗水。爸、妈，儿子叩谢你们，想对你们说声"谢谢"！感谢我的爱人崔海涛，对她的感谢唯有用一生的爱来回报！

最后，向未能提及姓名的、直接或间接为本书的撰写及出版提供了帮助的人表示衷心的感谢。

谁言寸草心，报得三春晖！诚惶诚恐，以此联自勉！

熊娜

2015 年 10 月于南宁相思湖畔